Theologische Impulse
Band 26

Mission heute – Gestalt und Begründung

Herausgegeben von:
Wilfrid Haubeck
Wolfgang Heinrichs

SCM

Stiftung Christliche Medien

FSC www.fsc.org MIX Papier aus verantwortungsvollen Quellen FSC® C006701

Bodenborn 43 · 58452 Witten
Internet: www.bundes-verlag.de; E-Mail: info@bundes-verlag.de

Umschlaggestaltung: Wolfgang de Vries, Wetter
Satz: Breklumer Print-Service, Breklum
Druck und Bindung: CPI – Ebner & Spiegel, Ulm
Gedruckt in Deutschland
ISBN 978-3-86258-040-8
Bestell-Nr. 209.040

Inhalt

Vorwort

„*Mission impossible*“? – Wer denkt heute bei dem Stichwort „Mission“ nicht gleich an einen unmöglichen Auftrag? Einen Auftrag, der, wie in den berühmten US-Agententhrillern, kaum erfüllt werden kann, aber doch den Reiz einer Vision in sich birgt, die unbedingt erlebt und gelebt werden will, für einen selbst, für die Welt, um Gottes willen.

Sieben Autoren haben sich in diesem Band die Frage gestellt, wie Mission heute begründet und gestaltet werden kann. Mit ihren Untersuchungen ist es ihnen gelungen, den Horizont für das, was Mission in unserer Zeit ist, zu erweitern.

Bei den in diesem Band aufgenommenen Aufsätzen handelt es sich um erweiterte Vorträge, die während der Theologischen Woche an der Theologischen Hochschule Ewersbach des Bundes Freier evangelischer Gemeinden in Dietzhölztal vom 31.03. bis 03.04.2014 gehalten wurden. Sie betonen durchgängig, dass Theorie und Praxis der Mission von den historisch bedingten sozialen und kulturellen Verhältnissen bestimmt sind.

Die Strukturen des Sendungsauftrages des *alttestamentlichen* Gottesvolkes skizziert in einem ersten Beitrag *Jürgen van Oorschot*. Die Identität Israels, so Oorschot, ist wesenhaft dadurch bestimmt, dass es in der Nachfolge des Stammvaters Abraham Träger des göttlichen Segens ist und dazu berufen wurde, ein Segen zu sein (Gen 12,3). Gott will segnen – Leben erhalten und befördern – und beruft sich dazu als Mittler das Volk Israel. Im Gottesdienst wird dann der verborgene Gott öffentlich. Der Gottesdienst gehört zum Segensauftrag des Gottesvolkes, das Gott verherrlicht, sozusagen ausstrahlt und in der Verkündigung der Tora den Menschen Weisung vermittelt.

Dass unser christliches Missionsverständnis essenziell vom *Neuen Testament*, speziell in den Schriften des Apostels Paulus, verankert ist, wird sofort in den Ausführungen *Wilfrid Haubecks* deutlich. Die vom Neuen Testament her motivierte Mission hat einen weltweiten Horizont; denn *„Gott war in Christus und versöhnte die Welt mit sich selber und rechnete ihnen ihre Sünden nicht zu und hat unter uns aufgerichtet das Wort von der Versöhnung“* (2Kor 5,19). Sie geschieht nations- und schichtenübergreifend. Dabei wird der Adressat der

Botschaft in seiner eigenen Situation angesprochen. Der Missionar ist *„Herold“, „Diener“, „Gesandter“*.

Mission des Paulus ist Pioniermission. Sie spricht in ihrem Prozess Einzelne an und formt gleichlaufend Gemeinschaften. Meist erwächst in der ersten Zeit der Christenheit eine Gemeinde aus einer Hausgemeinschaft heraus. Aber nicht nur die Gründung, auch die Begleitung und Förderung der entstandenen Gemeinden gehört nach Haubeck zum paulinischen Missionsprogramm. Hierbei arbeitet der Apostel mit einem Netzwerk von Mitarbeitern zusammen und versteht jede Gemeinde selbst als missionarisch, nach außen und innen. Ziel der Mission ist die Rettung von Menschen und die Verherrlichung Gottes im Horizont der bevorstehenden Wiederkunft Christi. Der Auftrag zur Mission erwächst aus dem Evangelium selbst, an dem die Gemeinde durch sie Anteil hat.

Über die Gestaltung des missionarischen Auftrags haben die evangelikalen Christen neu in der *Lausanner Bewegung* nachgedacht und ein wegweisendes Konzept erarbeitet. Hierüber informiert *Erhard Berneburg* und zeigt die Entwicklung eines Missionsverständnisses auf, das die soziale Verantwortung der Christen wieder in den Blickpunkt rückt und mit der Weltevangelisation verbindet. Gegen eine individualistische Einschränkung wird die Ganzheitlichkeit der Mission erklärt. Die drei maßgeblichen Internationalen Kongresse für Weltevangelisation von Lausanne (1974), Manila (1989) und Kapstadt (2010) sowie das Lausanner Forum in Pattaya (2004) entwickelten dabei konkrete ethische Vorgaben, die für die Glaubwürdigkeit der biblischen Verkündigung stehen.

Eine *systematisch-theologische Deutung der Mission* entfaltet *Henning Wrogemann*. Er geht dabei den recht exzeptionellen Weg über das Wesen Gottes. Gerade in der *Trinität* Gottes, der von seinem Wesen her kommunikativ ist, bietet sich für Wrogemann ein Kommunikationspotenzial mit den anderen Weltreligionen. Die Trinität biete eine spannungsreiche *„Verwiesenheit“* zwischen Gewissheiten und Anfragen.

Auf das Missionsfeld der Äußeren Mission führt uns *Alfred Meier*. Mission steht nach Meier nicht erst seit heute vor der Herausforderung der Globalisierung. Freilich hat diese in der Gegenwart ein besonderes Profil erhalten. Hieraus ergeben sich gleichermaßen

Chancen wie Gefahren. Meier erläutert in diesem Zusammenhang das Partnerschaftsmodell der *Allianz-Mission*, welche eine integrative Begegnung auf Augenhöhe anstrebt, eine *Mentalität der Verbundenheit* (Allianz). Das Partnerschaftsmodell sieht er in dem Koinonia-Konzept (Gemeinschaft durch Teilhabe) des Neuen Testaments begründet. Leben teilen, Solidarität üben, Partei für die Schwachen ergreifen sind substanzielle Elemente der Mission. Wichtig sind für Meier der kulturelle Austausch und die Komplementarität, die Mission nicht zur Einbahnstraße werden lässt, sondern ein Geben und Nehmen aller am Missionsprozess Beteiligten ist. Mission geschieht ganzheitlich, berücksichtigt die kulturellen Eigenarten und ist aufgebaut auf Vertrauen. Letzteres ist umso mehr substanziell, als der materielle Wohlstand in unserer Welt ungleich verteilt ist, was ein Gespräch unter Glaubensgeschwistern zu einer Herausforderung macht.

Die *Mission Inland* beleuchtet *Johannes Reimer.* Kommunikation des Evangeliums geschieht heute in einem multikulturellen und multioptionalen Kontext. Jeder dritte Einwohner in Deutschland hat einen Migrationshintergrund. Dies sieht Reimer allerdings nicht als Missionshindernis, sondern als Chance. Denn „multioptionale Lebensräume" sind, wie er hervorhebt, „spirituell-dynamische Räume". Kommunikation geschieht stets nicht nur in einer rein verbal praktizierten Evangelisation, sondern in Wort und Tat. Hierin ist Jesus selbst Vorbild. Multioptionale Räume sind für Reimer „offene Räume". Der Erfolg der Mission einer Gemeinde ist nachhaltig bestimmt durch ihre Gesellschaftsrelevanz, das heißt, ob sie ein Angebot vermittelt, das die Gesellschaft, in der die Gemeinde lebt, auch wirklich braucht.

In einer abschließenden meditativen Betrachtung verweist *Brian Brock* auf das in der Tradition verankerte Bild der *Mission als Gartenarbeit.* Jesus, der nach seiner Auferstehung von Maria Magdalena als Gärtner angesehen wird (Joh 20,11ff), ist darin Vorbild. Jesus stellt den Urzustand des Garten Edens wieder her, in dem der Mensch die Aufgabe eines Gärtners besitzt. Gemeinde ist danach *„Gartenarbeit in einer gefallenen Welt"*, Pflege, die zum Wachsen, Blühen und Gedeihen führt.

Mission heute ist tatsächlich *„unmöglich"* im doppelten Sinne des Wortes, ungeheuerlich und nicht machbar. Doch ist sie keine Sache für

Agenten oder Spezialisten, die ihr eigenes Wissen und Können unter Beweis stellen müssen und in der Wahrscheinlichkeit des Scheiterns stehen, sondern eine Angelegenheit des Gottes, der den Sieg bereits errungen hat (1Joh 5,4). Mission machen nicht wir, sondern ein anderer. Freilich ist sie risikoverbunden und zielt auf ein *„alles oder nichts"*. Mission ist, das zeigen alle Beiträge, mehr als ein *Auftrag* der Gemeinde, sie ist ihr *Wesen*. Mission hat es mit *Wahrnehmung* zu tun. Zunächst mit der Wahrnehmung Gottes, *„welcher will, dass allen Menschen geholfen werde und sie zur Erkenntnis der Wahrheit kommen"* (1Tim 2,4); sodann mit der Wahrnehmung des Menschen, dem man nur nach dem Vorbild Jesu als Mitmenschen begegnen kann. *„Denn es ist ein Gott und ein Mittler zwischen Gott und den Menschen, nämlich der Mensch Christus Jesus, der sich selbst gegeben hat für alle zur Erlösung, dass dies zu seiner Zeit gepredigt werde"* (1Tim 2,5-6). Die Vermittlung beider Wahrnehmungen aber geschieht durch das Gebet.

Wolfgang Heinrichs

„Von Zion wird Weisung ausgehen und das Wort des HERRN von Jerusalem“ (Jes 2,3)

Zum christlichen Missionsverständnis und dem Alten Testament

Jürgen van Oorschot

Das mir gestellte Thema werde ich im Spannungsfeld der Eigenstimmen des Alten Testaments und einem christlichen Verständnis von Mission angehen. Zwei persönliche Bemerkungen seien dem vorangeschickt.

(1) Wenn ich hier das Thema christliche Mission und Altes Testament behandle, dann tue ich dies auf dem Hintergrund von Lebenserfahrungen in ganz unterschiedlichen Regionen und christlichen Gemeinden. Jeweils habe ich dort als Gemeindemitglied in der örtlichen Gemeinde und jeweiligen Kirche mitgelebt und -gewirkt. Dies waren Freie evangelische Gemeinden in Düsseldorf, Marburg, Schleswig-Holstein, Hamburg und Würzburg, eine Evangelisch-freikirchliche Gemeinde in Jena, in der ich als Gast lange Jahre sein durfte, eine Evangelische Kirchengemeinde in Würzburg und nun die Evangelische Kirchengemeinde in Rangsdorf, einem brandenburgischen Ort mit 10 500 Einwohnern südlich Berlins, in der ich Vorsitzender des Gemeindekirchenrats bin und mich in der Kreissynode des Kirchenkreises engagiere. Profil, Herausforderung und gelebte *missio*, Sendung Jesu Christi, hatten und haben dort sehr unterschiedliche Gestalten und Plausibilitäten, ohne dass ich in der Lage wäre, nur eine von diesen als die einzig angemessene oder gar richtige zu erkennen.

(2) Der Planungskreis dieser Tagung[1] hat – alter Gewohnheit folgend – eine Besinnung auf die beiden Teile der Heiligen Schrift an den

1 Gemeint ist der Planungskreis der *Theologischen Woche*; der vorliegende Beitrag wurde als Vortrag im Rahmen dieser Veranstaltung gehalten.

Anfang gestellt. Dazu gratuliere ich, denn es zeigt die Bereitschaft, auch dann auf die Bibel und hier speziell auf das Alte Testament zu hören, wenn die zu vermutenden Auskünfte dieses Bibelteils nicht nur schlicht eingängig sind. Dreierlei werden wir bei diesem Hinhören wahrnehmen können.

1. *Missio,* Sendung, Mission und das Alte Testament – Vorklärungen und Unterscheidungen

1.1 „Mission vor der Mission" oder: Die Vielfalt von Gestalt und Verständnis der Sendung christlicher Gemeinde und Kirche

Schon ein oberflächlicher Blick in die Kirchengeschichte lehrt, wie verschieden christliche Gemeinden und Kirchen und die in ihnen lebenden Christinnen und Christen den Sendungsauftrag verstanden und gelebt haben. Das universal gültige Evangelium Jesu Christi hat im Syrien des 3. Jahrhunderts, im Reich der Ostgoten unter Theoderich (451–526), im gegenreformatorischen Würzburg unter Julius Echter oder auf den Halligen vor der nordfriesischen Küste – es hat zu verschiedenen Zeiten, in unterschiedlichen Regionen und unter dem Einfluss jeweils anderer Kulturen sehr Verschiedenes bedeutet. Uns ist dies in den letzten Jahrzehnten auch in der Theologie und gemeindlichen Lebenswirklichkeit zunehmend bewusst geworden. Die interkulturelle und Missionstheologie entfaltet dies mittlerweile breit. Ich rufe uns dies hier nur in Erinnerung: Mission – das ist nicht erst das, was uns seit August Herrmann Francke und den Herrnhutern im 17. Jahrhundert oder den evangelischen Missionsgesellschaften und den katholischen Missionskongregationen des 19. und 20. Jahrhunderts vor Augen steht. Bevor es eine organisierte und zunehmend professionalisierte Mission gab, wurde das Evangelium vorgelebt und wurde davon Zeugnis abgelegt. Einzelne Menschen, Familien, ganze Stämme oder Völker wurden freiwillig und in Reaktion auf dieses Zeugnis Christen, und – auch dass gehört zur Geschichte der *missio* – es geschah immer wieder unter wirtschaftlichem, kulturellem oder politischem Druck, ebenso mit Gewalt, wie es ein altes Wort Augustins signalisiert:[2] *Cogite intrate* – nötigt sie herein. Hier gab und gibt es Licht, Zwielicht und Schatten.

1.2 Biblische Vielfalt im neutestamentlichen und alttestamentlichen Zeugnis vom Gottesvolk und seiner *missio*

Auch die Bibel hält eine Vielfalt bereit! Wenn wir die Breite und Unterschiedlichkeit biblischer Zeugnisse nicht vorab einengen wollen, dann zeigt sich ebenfalls in der Frage der Sendung des Gottesvolkes, dass uns die biblische Überlieferung keine lehrmäßige oder kerygmatische Einheit präsentiert. Sie mutet uns Vielfalt zu und fordert uns heraus, dass wir uns dieser Unterschiedlichkeit aussetzen und sie jeweils neu als Anfrage und Chance zur Veränderung sowie als Bereicherung wirken lassen. Damit habe ich Ihnen mit wenigen Strichen auch eine Grundlinie meines Schriftverständnisses markiert, die zugleich diesen Beitrag prägt.

1.3 Mission und Altes Testament: Die Forschungsgeschichte verwehrt kurzschlüssige Antworten!

Die Frage, ob und in welcher Art und Weise das Alte Testament von Mission spricht, hat in den letzten Jahren immer wieder interessiert. So gibt es dazu eine Reihe von Publikationen, unter denen ich vor allem auf die Arbeit *Mission im Alten Testament?* von Siegbert Riecker[3] hinweisen möchte. Dort findet sich auch weiterführende Literatur.

Schon der schlichte Blick in das Inhaltsverzeichnis macht eines überdeutlich: So vielfältig das Verständnis von Mission und so vielfältig das Frageinteresse, so vielfältig sind auch die Antworten auf

2 Augustinus, Epistula 93,5 (Sancti Aurelii Augustini Epistulae LVI–C, Aurelii Augustini Opera. Pars III,2, Corpus Christianorum, Series Latina XXXI A, Turnhout 2005, S. 170).

3 Siegbert Riecker, Mission im Alten Testament? Ein Forschungsüberblick mit Auswertung, Beiheft Interkulturelle Theologie 10, Frankfurt 2008.

die Fragen: Gab es im Alten Testament Mission? Und: In welcher Art und Weise kann von einer Sendung des Gottesvolkes in diesen Überlieferungen gesprochen werden? Ein einfaches „Ja“ oder „Nein“ gibt es auf diese Fragen nicht. Riecker stellt zunächst historisch orientierte Beiträge zu einem Missionsverständnis in bestimmten Phasen der Geschichte Israels bzw. in seinen Überlieferungen vor. Dann unterscheidet er thematische, thematisch-dialektische, kanonische, systematische und religionsgeschichtliche Ansätze. Die Verfasser der so eingeordneten Ansätze knüpfen dabei teilweise im Alten Testament selbst an, wenn sie von Gottes Bund, der Mission als Erfüllung der Segensverheißung oder von Erwählung und Universalismus reden, oder sie wählen eine gesamtbiblische Perspektive (Gedanken des alttestamentlichen Kanons als Hintergrund für die urchristliche Mission – Eckhard J. Schnabel). Dann kann aber auch ein systematisch-theologisches Interesse vorherrschen (Gesetz und Evangelium; theozentrische Theologie der Nationen; Bibel als missionales Phänomen). Neben den Gesamtentwürfen führt Riecker auch Arbeiten vor, die sich einzelnen Büchern oder Traditionsbereichen des Alten Testaments zuwenden und Jona als „Heidenmissionar“, den Gottesknecht im Jesajabuch oder die Fremdvölkerprophetie als Grundlage neutestamentlicher Mission vorstellen.

Als Konsequenz aus dieser Vielfalt von Aspekten und deren Rezeption in der Gegenwart ergibt sich schlicht die Notwendigkeit, klar zu unterscheiden: Welches Frageinteresse haben wir, wenn wir das Alte Testament nach Mission befragen? Geht es uns um Gegenwartsfragen oder wollen wir verstehen, wie das antike Israel oder das frühe Judentum mit Erfahrung und Erkennen Gottes umging?

Welche Lektüre betreiben wir – eine Lektüre im Horizont der jeweiligen frühjüdischen Zeiten und Kontexte oder eine Lektüre, die Jesus von Nazaret, seine Worte und seine Wirkungen im Rücken haben und von daher die alttestamentlichen Texte lesen? Eine christliche Lektüre wird selbstverständlich die wenigen alttestamentliche Aussagen, die auch für die Völkerwelt einen Zugang zum Heil kennen, besonders gewichten. Eine dem Ausgangstext und seinem Wortsinn verpflichtete Lesart wird allerdings ins Alte Testament nichts hineinlesen wollen, was sich dort nicht findet.

So gibt es im Alten Testament keinen Konsens in puncto Heilsuniversalismus. Es überwiegt eine Heilsperspektive allein für Israel oder gar bestimmte fromme Kreise in Israel.[4] Auch eine aktive Rolle oder eine Beauftragung des Gottesvolkes, andere Völker oder Nichtjuden in die bestehende Heilsgemeinde einzuladen oder dafür zu werben, gibt es in der von heutigem Missionsverständnis vertrauten Weise nicht. Weiter unterscheidet das Alte Testament deutlich zwischen der universalen Reichweite der Herrschaft Gottes und der Möglichkeit aller Menschen, daran Anteil zu gewinnen. Erstes gibt es im Alten Testament genauso wie in anderen altorientalischen Religionen. JHWH ist ein weltweit handelnder und die gesamte Welt beanspruchender Gott. Letzteres, nämlich einen Heilsuniversalismus, gibt es nur in wenigen Texten.

In gleicher Weise befremdlich mag es uns erscheinen, dass weite Teile des Alten Testaments einen stark theokratischen Zug aufweisen. Hier führt Gott die neue Heilszeit herauf, ohne dass es menschlicher Mittler bedarf. Eine Beteiligung des Gottesvolkes kann dabei so stark in den Hintergrund treten, dass selbst die Unterrichtung in der Tora (etwa Jer 31,31-34) oder die Vermittlung von Lebenstauglichkeit durch das Lernen und Lehren nur noch von Gott erwartet wird. Gott als Lehrer, der von Jugend auf belehrt (Ps 71,17) – dies lässt die Frage aufkommen, ob von Menschen und deren Beitrag nichts mehr zu erwarten ist. In den späten Schriften des Alten Testaments wie dem Danielbuch oder jungen Teilen der Prophetie tritt dieser theokratische Zug stark hervor.

4 Zu dem ab der Perserzeit (Ende des 6. bis Mitte des 4. Jahrhunderts v. Chr.) entstehenden Gegensatz zwischen Frommen und Gottlosen vgl. Otto Kaiser, Der Gott des Alten Testaments. Wesen und Wirken. Theologie des Alten Testaments III. Jahwes Gerechtigkeit, Göttingen 2003, S. 258-265.

1.4 Welche Impulse ergeben sich für die heutige christliche Gemeinde und Kirche aus welchen alttestamentlichen Zeugnissen? Wie kann das Alte Testament ein christliches Missionsverständnis bereichern?

Unter dieser Leitfrage möchte ich nun zwei Textbereiche des Alten Testaments in den Blick nehmen. Diese Fragerichtung versucht, zweierlei miteinander zu verbinden: eine philologisch und historisch verantwortete Sicht auf das Alte Testament und zugleich eine christliche Lektüre mit Blick auf heutige Fragestellungen.

2. Das Gottesvolk als Segensträger – Abraham und die Verheißung des Segens für alle Völker

Die Geschichten um Abraham, Isaak und Jakob gehören bis heute zu den eindrücklichsten Erzählungen des Alten Testaments. Plastisch treten uns dabei Männer und Frauen vor Augen, die als Einzelne, in ihren Familien und zugleich als Repräsentanten des Gottesvolkes vorgestellt werden. Zunächst entstehen Jakobs- und Abrahamserzählungen getrennt, dann werden sie innerhalb der großen Erzählwerke ab dem 6. Jahrhundert v. Chr. Teil der Vorgeschichte des Gottesvolkes.[5] Ein großes Thema verbindet sie auf dieser Überlieferungsstufe: der Segen. Prägnant werden die Erzelternerzählungen so in Genesis 12 mit einem Wort an Abraham eingeleitet:

> *„Geh aus deinem Land und aus deiner Verwandtschaft und aus dem Haus deines Vaters in das Land, das ich dir zeigen werde. Ich will dich zu einem großen Volk machen und will dich segnen und deinen Namen groß machen, und du wirst ein Segen sein. Segnen will ich, die dich segnen, wer dich aber schmäht, den will ich verfluchen, und Segen sollen durch dich erlangen alle Sippen der Erde" (Gen 12,1-3).*

5 Vgl. etwa Konrad Schmid, Literaturgeschichte des Alten Testaments. Eine Einführung, Darmstadt 2008, S. 125.

Was früher einem König galt – „*Ewig soll sein Name bestehen, solange die Sonne scheint, sprosse sein Name. Und in ihm sollen sich Segen wünschen, ihn sollen glücklich preisen alle Nationen*“ (Ps 72,17) –, wird nun auf Abraham übertragen. Der Stammvater übernimmt damit die Rolle, die im Alten Orient und im königszeitlichen Israel und Juda für den König vorgesehen war.[6] Er wird Mittler des Segens und so zugleich Repräsentant Gottes, eine Rolle, die dann in Genesis 1 auf den Menschen insgesamt als Ebenbild und Abbild Gottes übergeht.[7]

Abraham erscheint als Mittler göttlichen Segens und damit Mittler des Lebens. Zugang zu Lebenskraft wird hier ohne Bindung an Glaube, Nation oder Kultur allen Menschen eröffnet. Ohne jede Bedingung wird mit dem Segen die Grundlage für menschliches Existieren eröffnet – vermittelt durch Abraham, der das Gottesvolk verkörpert.

Dieser Abraham und dieses Gottesvolk werden in den Geschichten als wanderndes Volk beschrieben. Schon der Aufbruch aus der Heimat in Haran signalisiert dies und die wiederholten Wandernotizen weisen in die gleiche Richtung (Gen 26,2f; 31,3.13). Volk Gottes sind Abraham und seine Nachkommen nicht dadurch, dass sie an ein Heiligtum, an ein Gebiet gebunden sind, in dem sie und ihr Gott beheimatet sind und das ihnen Segens-, sprich Lebensquelle wäre. Vielmehr sind sie an Gott gebunden, auf ihn bezogen und darin gesegnet.

Diese Gottesbeziehung trennt sie allerdings nicht von anderen Völkerschaften oder Religionen. Sie grenzen sich weder ethnisch noch religiös ab. Ganz im Gegenteil! Sie leben friedlich mit den anderen Bewohnern des Landes und entdecken in deren Heiligtümern und hinter den verschiedenen Gotteserfahrungen und Gottesnamen ein und denselben Gott.[8]

So schlicht kommen die Erzählungen daher und dabei zugleich so anspruchsvoll und herausfordernd für unsere Frage: Was bedeuten die

6 Vgl. Schmid, Literaturgeschichte, S. 125f. Anders Horst Seebass, Genesis II. Vätergeschichte I (11,27–22,24), Neukirchen-Vluyn 1997, S. 14f.

7 Vgl. Otto Kaiser, Der Gott des Alten Testaments. Wesen und Wirken. Theologie des Alten Testaments II. Jahwe, der Gott Israels, Schöpfer der Welt und des Menschen, Göttingen 1998, S. 309-312.

8 Vgl. zum „theologischen Inklusivismus“ der Vätergeschichte Schmid, Literaturgeschichte, S. 126.

Erzählungen von dem Stammvater des Gottesvolkes Abraham als dem universalen Segensmittler dafür, wie Sendung des Gottesvolkes sich heute gestalten kann?

Bezieht man diese Teile der Bibel in die Überlegungen nach der *missio* ein, so wird man zunächst festhalten müssen, dass diese Sendung nicht nur die Frage des Heils einschließt, sondern auch diejenige nach dem Wohl der Menschen. Wer zum Segensmittler eingesetzt ist – und ich sehe hier das Gottesvolk Israel und die Gemeinde Jesu Christi in gleicher Weise in dieser Linie (ohne die vielen damit zusammenhängenden Fragen hier ansprechen zu können)[9] –, der hat sich den vielen Fragen nach den Lebenschancen von Generationen, den sozialen und wirtschaftlichen Verhältnissen im eigenen und in anderen Ländern zu stellen, ja dem ganzen Bündel von zukünftigen Lebenschancen. Gott will segnen – Leben erhalten und befördern – und beruft sich dazu Mittler.[10]

Diese Mittlerschaft, diese Gottesgegenwart als immer neue Eröffnung von Lebenschancen lässt sich nicht eingrenzen. Quer zu unseren politisch, gemeindlich und schlicht zwischenmenschlich so oft handlungsleitenden Einordnungen spielen hier Bekenntnis, soziale oder kulturelle Herkunft und eigene Interessenlage keine Rolle. Lassen Sie es mich noch einmal nahe an den Texten sagen: Gott will seine Menschen segnen. Wer sind Abraham oder seine Nachkommen in Christo, dass sie diesen Segen, diese Lebenschancen irgendjemandem vorenthalten dürften?

Das Gottesvolk als Segensträger – diese Gestalt der *missio* wirft die Frage nach Mission und Toleranz, nach Mission und Inklusion und nach Mission und sozialer wie politischer Verantwortung auf. Wie verbinden wir diese Gestalt der Sendung mit dem Bezeugen der Wahrheit, die wir erkannt haben und die uns verpflichtet? Dass wir beides miteinander verbinden müssen, darauf verpflichten uns diese

9 Zur Debatte um das jüdisch-christliche Verhältnis vgl. etwa Rolf Rendtorff (Hrsg.), Die Kirchen und das Judentum. Bd. 1: Dokumente von 1945–1985, Bonifatius-Druckerei 1988; Hans Hermann Henrix (Hrsg.), Bd. 2: Dokumente von 1986–2000, Bonifatius-Druckerei 2001.

10 Ähnlich Seebass, Vätergeschichte I, S. 21 zur Stelle: „Die Kernfrage lautet: Ist Israel, sind Judentum und Christentum ein Segen?"

Geschichten der Heiligen Schrift, dazu verpflichtet uns zugleich die unteilbare Gestalt der Liebe zu Gott und seinen Menschen; eine Liebe, die nicht zwischen Wohl und Heil unterscheidet.

3. Präsenz Gottes und seiner Tora vom Zion aus – die Zionstheologie und die verschiedenen Ausprägungen der universalen Gottesherrschaft

Ging es bisher um zukünftigen Segen, sprich die Lebenschancen, so besehen wir nun andere Gestalten der Gegenwart Gottes. Psalmen und prophetische Überlieferungen reden von Gottes universaler Herrschaft und deren Ausstrahlung auf das Gottesvolk und die Völkerwelt. An vier Texten will ich dies kurz skizzieren.

Die erste Stimme aus dieser Reihe formuliert so etwas wie einen hymnischen Durchblick. Im Gotteslob erkennt das Volk Gottes mehr, als ein nüchterner Blick auf die realen Verhältnisse erschließen würde.

> *„Singt dem HERRN ein neues Lied, singt dem HERRN, alle Länder. Singt dem HERRN, preist seinen Namen, verkündet seine Hilfe von Tag zu Tag. Tut kund seine Herrlichkeit unter den Nationen, unter allen Völkern seine Wunder. Denn groß ist der HERR und hoch zu loben, Furcht erregend ist er über allen Göttern"* (Ps 96,1-4).

Gott als weltweiter Herr – das ist keine Wirklichkeit, die wir einfach vor Augen hätten. Auftrag des Gottesvolkes ist es allerdings, diese verborgene Wirklichkeit immer erneut im Gottesdienst öffentlich auszusprechen. Dies hat in zweifacher Weise eine orientierende Wirkung: zum einen für das Gottesvolk selbst und zum anderen für die Mitmenschen. Gottesdienst ist daher mehr als Belehrung und Feier der Gemeinschaft. Er vergegenwärtigt eine Gegenwelt, die Herrschaft Gottes,[11] die in ihrer vollen Gestalt weder in der Gemeinde und Kirche noch in der Welt erfahrbar ist. Diese tiefe Dimension von Gottesdienst

11 Zum selben Phänomen, konkret am Beispiel von Psalm 146–150 als „hymnische[m] Entwurf einer Gegenwelt" vgl. Frank-Lothar Hossfeld/Erich Zenger, Psalmen. 101–150, HThKAT, Freiburg i.Br./Basel/Wien 2008, S. 26.

als Feier der Gegenwart Gottes gehört zum Sendungsauftrag des Gottesvolkes.

Und doch geht die Gottesherrschaft nicht im Kultus, nicht im öffentlichen Gottesdienst auf.[12] Daher zeichnen die prophetischen Bücher weitere Bilder der kommenden Gottesherrschaft.

> *„In fernen Tagen wird der Berg des Hauses des HERRN fest gegründet sein, der höchste Gipfel der Berge und erhoben über die Hügel. Und alle Nationen werden zu ihm strömen, und viele Völker werden hingehen und sagen: Kommt und lasst uns hinaufziehen zum Berg des HERRN, zum Haus des Gottes Jakobs, damit er uns in seinen Wegen unterweise und wir auf seinen Pfaden gehen. Denn von Zion wird Weisung ausgehen und das Wort des HERRN von Jerusalem. Und er wird für Recht sorgen zwischen den Nationen und vielen Völkern Recht sprechen. Dann werden sie ihre Schwerter zu Pflugscharen schmieden und ihre Speere zu Winzermessern. Keine Nation wird gegen eine andere das Schwert erheben, und das Kriegshandwerk werden sie nicht mehr lernen. Haus Jakob, kommt und lasst uns gehen im Licht des HERRN!“* (Jes 2,2-5).

Tora, Weisung Gottes und sein Wort zur rechten Lebensführung gibt es vom Zion her. Vom Ort der Gegenwart Gottes strahlt eine Rechtsordnung aus, die endlich die Konflikte zwischen den Völkern schlichtet und alle Kriege beendet. Und so steht dem Propheten eine Wallfahrt aller Völkerschaften hin zu diesem Ort der befriedenden Gegenwart Gottes vor Augen. Die Völkergemeinschaft sammelt sich um Gott, weil sie dort Frieden und Gerechtigkeit findet.[13]

Starke Bilder und tiefe Sehnsüchte werden hier berührt. Jesaja 60 greift dies wieder auf und ruft das Gottesvolk zu dieser Schau zurück. Es erinnert das Gottesvolk damit an seinen Auftrag:

12 Die Weite der antizipierten Gottesherrschaft bringen nach Hossfeld/Zenger die Nachbarpsalmen ein: Frank-Lothar Hossfeld/Erich Zenger, Psalmen. 51–100, HThKAT, Freiburg i.Br./Basel/Wien 2000, S. 34 und 657.

13 Vgl. zu Jesaja 2,2-5 und 60,1-3 z. B. Kaiser, Der Gott des Alten Testaments III, S. 156-158.

„Mach dich auf, werde licht! Denn dein Licht kommt, und die Herrlichkeit des HERRN ist aufgestrahlt über dir. Denn sieh, Finsternis bedeckt die Erde und Wolkendunkel die Völker, über dir aber wird der HERR aufstrahlen, und seine Herrlichkeit wird erscheinen über dir. Und Nationen werden zu deinem Licht gehen und Könige zu deinem strahlenden Lichtglanz. Blicke auf, ringsum, und sieh: Alle haben sie sich versammelt, sind zu dir gekommen. Von ferne kommen deine Söhne, und deine Töchter werden auf der Hüfte getragen" (Jes 60,1-4).

Die *kabod* JHWHs, der Lichtglanz seiner Gegenwart, strahlt vom Zion her. Er übt eine solche Anziehung aus, dass die Völker darauf aufmerksam werden. Sie kommen aus freien Stücken und bringen noch die letzten Söhne und Töchter Israels aus den fernen Ländern mit in deren Heimat.

Wie anders ist hier von der Gottesherrschaft und ihrer Anerkennung in der Welt die Rede! Da gibt es kein Gottesvolk, das sich bemüht. Seine Aufgabe besteht einzig darin, selbst das Licht der Herrlichkeit Gottes auf dem eigenen Angesicht widerzuspiegeln. *„Mach dich auf, werde Licht, denn dein Licht kommt!"*

Oder sagen wir es ohne Bild: Die lebensfördernde Tora, das Frieden schaffende Reden Gottes, seine Gerechtigkeit soll bei ihnen gelten und sichtbar sein. Mehr nicht! Dies wird ausstrahlen.

Teilhabe an der Gottesherrschaft ist hier Teilhabe an Gerechtigkeit und Frieden, die allen Leben möglich macht. Die Abstufungen zwischen Israel und der Völkerwelt werden in dieser Zionstheologie nicht aufgehoben. Die Völker werden Israel dienen und so die Ehre Gottes vermehren.[14] Und ein Kapitel weiter finden wir eine Berufsaufteilung, die noch heute in anderen Zusammenhängen im Staat Israel ihre Parallelen hat:

14 Unterschiedliche Perspektiven auf die Rolle der Völker in der Gottesherrschaft fasst Klaus Koenen, Art. Eschatologie im Abschnitt 3.2.7, 1 zusammen (Klaus Koenen, Art. Eschatologie; in:WiBiLex: Bibellexikon, http://www.bibelwissenschaft.de/de/wibilex/das-bibellexikon/lexikon/sachwort/anzeigen/details/eschatologie-at-3/ch/3bfeb137218c8a1a59163138deaee307/, Zugriff 12.06.2014).

> *„Und Fremde werden dastehen und eure Schafe weiden, und andere werden eure Landarbeiter und Weingärtner sein. Ihr aber werdet Priester-des-HERRN genannt werden, Diener-unseres-Gottes wird von euch gesagt werden"* (Jes 61,5-6a).

Knecht Gottes und Ackerbau oder Viehzucht gehen hier nicht zusammen.[15]

Schon dieser Ausschnitt, den ich hier vorführen konnte, eröffnet einen befremdenden, einen verfremdenden Blick auf die Sendung des Gottesvolkes. Was bedeutet das für unsere heutige Orientierung in diesen Fragen? Sicher kann christliche Theologie daraus keinen Rückfall hinter eine universale Heilsteilhabe der Völkerwelt ableiten. Abgesehen davon, dass wir uns damit hier im Raum vermutlich alle zu Dienern Israels machen würden, widerspräche dies einer Lesung des Alten Testaments im Licht von Wort, Werk und Person Jesu Christi.

Und doch enthält diese Rede von der Gottesherrschaft Elemente, die auch christliche Sendung bereichern. Stellen wir uns allein der Fragen: Welche Ausstrahlung hat das Gottesvolk? Wieviel Widerschein von Gerechtigkeit und *Schalom* gibt es da? Wie ist es um die Gegenwart Gottes in christlicher Kirche und Gemeinde bestellt? Und wie öffentlich, vielfältig und sichtbar strahlt diese aus?

Die verschiedenen christlichen Denominationen geben jeweils mit dem von ihnen gelebten und als wichtig erachteten Ausschnitt Antwort auf diese Fragen. Sie verkörpern so *eine* Gestalt der *missio Dei*. Dies kann man als wechselseitige Bereicherung und Ergänzung verstehen – ein Verständnis und eine Grundhaltung, die allerdings nicht immer anzutreffen sind.

Was ein Blick in das Alte Testament zeigt, sind unterschiedliche Herausforderungen einer Rede, das Gottesvolk zu senden. Es sind

15 Vgl. etwa Claus Westermann, Das Buch Jesaja. Kapitel 40–66, ATD 19, 4., ergänzte Auflage, Göttingen 1981, S. 294: „Die Fremden müssen die schwere Handarbeit tun und Israel versorgen, während die Judäer als Priester die geistige Führungsschicht bilden. Wie weit ist die Vorstellung entfernt von der alten Freude des israelitischen Bauern an seinem Land und der Art, wie etwa im Deuteronomium vom Segen der Feldarbeit gesprochen wird!"

Herausforderungen, die wir nicht ohne differenzierende Zwischenüberlegungen wahrnehmen können. Einen direkten Weg vom Alten Testament hin zum christlichen Leben der Gegenwart gibt es nicht – wie wir uns eingangs klargemacht haben. Zwei Bereiche haben wir dann wahrgenommen und befragt. Inwieweit Sie dieser verfremdende Blick ins Alte Testament bereichert hat, das mögen Sie selbst entscheiden.

Beauftragt mit dem Dienst der Versöhnung

Zum Verständnis der Mission bei Paulus

Wilfrid Haubeck

In meinem Aufsatz gehe ich vor allem von den Aussagen in den Paulusbriefen aus. Allerdings hat Paulus seine Briefe nicht als Missionsschriften geschrieben, sondern als Briefe an Gemeinden oder einzelne Mitarbeiter. Trotzdem können wir in ihnen erkennen, wie er Mission und insbesondere seine eigene missionarische Aufgabe verstanden hat. Im Blick auf seine Missionspraxis ergänze ich dies durch Einzelnes, was Lukas in der Apostelgeschichte berichtet.[1]

1. Voraussetzung: Gott versöhnte in Christus die Welt mit sich

1.1 Gottes universale Versöhnung

Die Themenformulierung nimmt Bezug auf 2. Korinther 5,18-20. Deshalb setze ich bei dieser Stelle ein. Dort schreibt Paulus:

(18) Aber das alles kommt von Gott, der uns durch Christus mit sich versöhnt hat und uns den Dienst der Versöhnung gegeben hat. (19) Wie es ja feststeht, dass Gott in Christus die Welt mit sich selbst versöhnte[2]*,*

1 Das Bild des in der Antike einzigartigen Wandermissionars, das sich in den paulinischen Briefen zeigt, wird durch die Apostelgeschichte bestätigt (vgl. Martin Hengel / Anna Maria Schwemer, Paulus zwischen Damaskus und Antiochien. Die unbekannten Jahre des Apostels, WUNT 108, Tübingen 1998, S. 6).

2 Wahrscheinlich handelt es sich bei ἦν … καταλλάσσων (*ēn … katallassōn*) um ein umschriebenes Imperfekt (er versöhnte); Schmeller übersetzt: „Gott war es, der in Christus die Welt mit sich versöhnte" (Thomas Schmeller, Der zweite Brief an die Korinther. Teilband 1: 2Kor 1,1–7,4, EKK VIII/1, Neukirchen-Vluyn 2010, S. 317). ἦν (*ēn* – er war) könnte auch selbstständig zur Betonung der Einheit von Gott und Christus im Versöhnungsgeschehen stehen: „denn Gott war in Christus – die Welt mit sich selbst versöhnend" (so Otfried Hofius, „Gott hat unter uns aufgerichtet das Wort von der Versöhnung" [2Kor 5,19]; in: ders., Paulusstudien, WUNT 51, Tü-

indem er ihnen ihre Verfehlungen nicht anrechnet und unter uns das Wort von der Versöhnung aufrichtete. (20) So sind wir nun Gesandte für Christus, weil Gott durch uns ermahnt; wir bitten an Christi statt: Lasst euch versöhnen mit Gott.[3]

„Grundlage ist Gottes sühnendes und versöhnendes Handeln für uns im Tode Jesu[,] mit dem er, als wir noch seine Feinde waren, – d. h. vor jeder möglichen Reaktion unsererseits – seinen Heilswillen und seine Liebe gezeigt und den Frieden mit ihm begründet hat."[4] Die Vorstellung von der Versöhnung setzt voraus, dass die Menschen in Feindschaft gegen Gott leben. Nicht Gott ist zum Feind der Menschen geworden, sondern von ihm geht die Initiative für die Versöhnung aus. Er hat aus seiner Liebe heraus seinen Sohn gesandt, und Jesus Christus ist stellvertretend für uns den Sühnetod am Kreuz gestorben. Gott und Jesus Christus handeln im Versöhnungsgeschehen gemeinsam und in Übereinstimmung miteinander.[5]

Die Versöhnung geschieht durch den Tod Jesu Christi (Röm 5,10; Eph 2,16; Kol 1,20.22). Durch Christus versöhnte Gott die Welt mit sich selbst (vgl. Kol 1,20; Röm 11,15). Dies ist ein für alle Menschen gültiges Geschehen: Gott versöhnte die Welt mit sich selbst durch sein einmaliges geschichtliches Handeln in Christus. Diese Versöhnung hat universale Bedeutung.[6] Durch sie wird ein Verhältnis der Feindschaft in eine neue Gemeinschaft des Friedens verwandelt.[7]

bingen 1989, S. 15-32, S. 19; Friedrich Lang, Die Briefe an die Korinther, NTD 7, Göttingen 1986, S. 301f).

3 Eigene Übersetzung, ebenso bei den weiteren neutestamentlichen Stellen.

4 Walter Klaiber, Heil als zentrale Botschaft des Neuen Testaments; in: Gemeinschaft am Evangelium. FS Wiard Popkes, hg. v. Edwin Brandt, Paul Fiddes und Joachim Molthagen, Leipzig 1996, S. 77-96, S. 88.

5 Die Handlungseinheit zwischen Gott und Jesus Christus zeigt sich deutlich im Vergleich mit Römer 4,25: „Gott hat ihn wegen unserer Verfehlungen hingegeben und ihn um unserer Rechtfertigung willen auferweckt" (vgl. 8,32). Römer 5,6.8: Christus ist für uns gestorben, und darin erweist sich Gottes Liebe. Der Richter ist kein anderer als der, der seine Liebe zu uns am Kreuz Christi erwiesen hat. Diese Liebe macht uns als Versöhnte und Gerechtfertigte unseres endzeitlichen und endgültigen Heils schon jetzt gewiss, obwohl es noch in der Zukunft liegt (vgl. Röm 8,31-39).

6 Vgl. Ferdinand Hahn, Das Verständnis der Mission im Neuen Testament, WMANT 13, Neukirchen-Vluyn 1963, S. 127; Ulrich Wilckens, Theologie des Neuen Testaments I/3, Neukirchen-Vluyn 2005, S. 122.

7 Vgl. Lang, Korinther, S. 301.

1.2 Gott hat das Wort der Versöhnung eingesetzt

Paulus erläutert die Versöhnung in 2. Korinther 5,19 durch zwei Partizipialsätze. Die Versöhnung geschieht dadurch, dass Gott erstens den Menschen ihre Verfehlungen nicht zurechnet, weil Christus sie gesühnt hat (2Kor 5,14f.21), und dass Gott zweitens das Wort der Versöhnung aufgerichtet hat. Sühne und Einsetzung des Evangeliums zusammen bilden das versöhnende Heilshandeln Gottes.[8] Die Aufrichtung des Worts der Versöhnung geschah dadurch, dass Gott durch den auferweckten Christus das Kreuzesgeschehen als Evangelium offenbarte.[9] Daraufhin werden Menschen mit dem Dienst der Versöhnung beauftragt, um das Evangelium von der Versöhnung Gottes *allen* Menschen zu verkündigen und sie in seinem Namen zu bitten, sich mit Gott versöhnen zu lassen.

Die Verkündigung des Evangeliums als Dienst der Versöhnung *vergegenwärtigt* die geschehene Versöhnung Christi. Ferdinand Hahn formuliert es so: „Durch die Verkündigung besitzt die einmalige Heilsverwirklichung in der Geschichte Jesu Christi ihre bleibende heilstiftende Kraft.“[10]

Durch die von ihm gesandten Boten spricht Gott selbst und ruft die Menschen auf, sich mit ihm versöhnen zu lassen. Die Boten bitten nicht in eigener Vollmacht, sondern an Christi statt, der durch das Evangelium den Menschen das Heil anbietet.[11]Der einzelne Mensch muss die durch Christus geschehene Versöhnung im Glauben annehmen. Nur so wird sie für ihn Wirklichkeit.

8 Otfried Hofius, Erwägungen zur Gestalt und Herkunft des paulinischen Versöhnungsgedankens; in: ders., Paulusstudien, WUNT 51, Tübingen 1989, S. 1-14, S. 3.

9 Hofius, Gott, S. 31. Dabei ist das Wort von der Versöhnung nicht schon mit der Verkündigung des Evangeliums gleichzusetzen, sondern Gottes Evangelium ist die Voraussetzung für die Verkündigung (vgl. ebd., S. 27-30).

10 Ferdinand Hahn, Theologie des Neuen Testaments (2 Bände), Tübingen 2002, Bd. II, S. 437.

11 Vgl. Dieter Zeller, Theologie der Mission bei Paulus; in: Mission im Neuen Testament, hg. v. Karl Kertelge, QD 93, Freiburg 1982, S. 164-189, S. 171.

2. Sendung: Beauftragt mit dem Dienst der Versöhnung

2.1 Gott beauftragt mit dem Dienst der Versöhnung

Weil die Versöhnung durch Christus ein für alle Mal geschehen ist und weil Gott das Wort der Versöhnung aufgerichtet hat, beauftragt Gott die Apostel und weitere Boten mit dem Dienst der Versöhnung. Mit Gottes Versöhnung „ist auch die Botschaft von der Versöhnung gesetzt (2Kor 5,18-20), durch die Gott die Menschen einlädt, ja in aller Dringlichkeit bittet, sich jetzt mit ihm versöhnen zu lassen, ihr Ja zu seinem Ja zu sagen und in seine in der Gestalt des Christus ausgestreckte Hand des Friedens und der Gemeinschaft einzuschlagen“[12].

Mit dem Dienst der Versöhnung (διακονία τῆς καταλλαγῆς – *diakonia tēs katallagēs*) ist „der apostolische Verkündigungsdienst“ gemeint (vgl. 2Kor 3,7f; 6,3).[13] Er hat das Evangelium von Gottes Versöhnungstat „im gekreuzigten Christus zum Inhalt (vgl. 1Kor 1,18) und ruft dazu auf, dieses Geschehen wahr sein zu lassen (V. 20b)“[14]. Die Verwirklichung der Versöhnung im Leben des Einzelnen entspricht der Rechtfertigung des Sünders (Röm 5,1.9f). Durch die Versöhnung wird die Feindschaft gegen Gott überwunden, und die Versöhnten leben im Frieden mit Gott, das heißt in einer heilvollen Gemeinschaft mit ihm (vgl. Eph 2,11-18).

Der Dienst der Versöhnung führt insofern über die Verkündigung hinaus, als er dazu beiträgt, dass Menschen verändert werden. Paulus spricht von einer Neuschöpfung der Glaubenden durch Gottes Geist (2Kor 5,17; vgl. Eph 2,15f; Kol 1,22). Das führt zu einem neuen Leben und Handeln, und die Versöhnung schließt den Frieden, die gelebte Gemeinschaft zwischen vorher getrennten Menschen, in der einen Gemeinde Christi ein (Eph 2,13f; vgl. Kol 1,19f).

12 Klaiber, Heil, S. 88.

13 Christian Wolff, Der zweite Brief des Paulus an die Korinther, ThHK 8, Leipzig ^{2}2011, S. 129.

14 Wolff, 2. Korinther, S. 129.

2.2 Die Verkündigung des Evangeliums

Zum Dienst der Versöhnung gehört für Paulus zentral der Auftrag, das Evangelium zu verkündigen.[15] Das gilt für ihn als berufenen Apostel in besonderer Weise (Röm 1,1). Beim Dienst der Versöhnung geht es darum, die Feindschaft des Menschen gegen Gott zu überwinden, damit er im Frieden und in neuer Gemeinschaft mit Gott leben kann. Die Kraft, dies zu bewirken, wohnt dem Evangelium inne, denn das Evangelium „ist (eine) Kraft Gottes zur Rettung für jeden, der glaubt" (Röm 1,16).

Das Evangelium ist die dem Menschen nicht verfügbare Heilskundgabe Gottes an die Menschen.[16] „Als Christusbotschaft ist das Evangelium heilstiftende Verkündigung."[17] Diese Heilskundgabe geschieht durch die Kraft des Heiligen Geistes immer wieder neu in der Verkündigung. Diese ist aber nicht mit dem Evangelium identisch.[18] Weil das Evangelium Kraft Gottes ist,[19] erweist es sich als Heilsmacht, die Menschen aus der Macht der Sünde befreit (vgl. 1Kor 1,18.24; Röm 15,19). In 1. Thessalonicher 1,5 heißt es: „Unser Evangelium erging an euch nicht mit Worten allein, sondern auch in Kraft und im Heiligen Geist und in großer Gewissheit." Das Evangelium erweist sich dadurch als Gottes Kraft, dass es die Predigt mit menschlichen Worten als Wort Gottes geschehen lässt (vgl. 1Thess 2,13). Durch sie führt Gott selbst durch, wozu er es gesandt hat (Jes 55,11). Durch den

15 Georg Eichholz, Die Theologie des Paulus im Umriss, Neukirchen-Vluyn 1972, S. 16; vgl. Eckhard J. Schnabel, Urchristliche Mission, Wuppertal 2002, S. 1485: „Die mündliche Verkündigung des Evangeliums war ein zentraler Kernprozess der Mission der Apostel" (vgl. ebd., S. 937).

16 „Das Evangelium ist seinem Inhalt nach die Geschichte Gottes mit dem Menschen in Jesus Christus" (Eichholz, Theologie, S. 33). „Das Evangelium ist die von dem einen Gott und Vater Jesu Christi autorisierte Botschaft, dass der messianische Erlöser, den die Propheten Israel und den Heidenvölkern angekündigt haben, in Jesus (von Nazareth) erschienen ist" (Peter Stuhlmacher, Der Zeugnisauftrag der Gemeinde Jesu Christi; in: ders., Biblische Theologie und Evangelium. Gesammelte Aufsätze, WUNT 146, Tübingen 2002, S. 279-291, S. 282).

17 Hahn, Theologie II, S. 429.

18 Vgl. Hofius, Erwägungen, S. 6f.

19 Nach alttestamentlich-jüdischem Denken erweist sich Gottes δύναμις (*dynamis* – Macht, Kraft) in seinen geschichtlichen Heilstaten als seine Heilsmacht.

Heiligen Geist wirkt Gott so, dass durch die Verkündigung Menschen glauben und so das Heil erfahren.

2.3 Die Verkündigung gegenüber Juden und Heiden

In Römer 1,16 schreibt Paulus: „Das Evangelium ist eine Kraft Gottes zur Rettung für jeden, der glaubt, für die Juden zuerst und ebenso auch für die Griechen.“

Obwohl der Inhalt der Verkündigung das *eine* Evangelium ist, erfolgt die Verkündigung gegenüber Juden und Heiden nicht auf die gleiche Weise. Dies hängt mit der unterschiedlichen heilsgeschichtlichen Situation und den verschiedenen Voraussetzungen zusammen, die die Hörer mitbringen.

Im Blick auf die missionarische Verkündigung von Paulus gegenüber *Juden* sind wir auf die Berichte der Apostelgeschichte angewiesen. Ein Beispiel ist die Predigt in der Synagoge von Antiochien in Pisidien (Apg 13,16-41).[20] Darin geht es zentral darum, dass Jesus der Messias bzw. Christus ist, den Gott dem Volk Israel verheißen hat. Dies verdeutlicht Paulus am Leben, am Tod und an der Auferweckung Jesu. Durch alttestamentliche Zitate ordnet er dieses Geschehen in die Heilsgeschichte Israels ein. Durch den auferweckten Jesus bietet Gott den Hörern die Vergebung der Sünden an, die jeder erfährt, der an ihn glaubt.

In der Verkündigung gegenüber Juden geht es also entscheidend darum, dass die Messianität Jesu und die Heilsbedeutung seines Todes anerkannt werden. „Damit stand oder fiel die Botschaft, dass Gott in Jesus die Sünden vergibt und vor dem kommenden Zorngericht rettet.“[21]

Gegenüber *Heiden* muss Paulus zunächst „über den Gott Israels als den einzig wahren Gott sprechen, ehe er von Jesus Christus“[22] als Erlöser reden kann. Erst dann kann er über die Person und das Wirken Jesu sowie die Heilsbedeutung seines Todes und seine Auferweckung

20 Vgl. dazu Schnabel, Mission, S. 1320-1325.
21 Schnabel, Mission, S. 1324.
22 Schnabel, Mission, S. 1326.

predigen. Als summarische Zusammenfassung dieser Verkündigung kann man 1. Thessalonicher 1,9f ansehen:[23]

> „Denn sie selbst berichten über uns, was für eine Aufnahme wir bei euch gefunden haben und wie ihr euch von den Götzen abgewendet und zu Gott hingewendet habt, um dem lebendigen und wahrhaftigen Gott zu dienen und seinen Sohn vom Himmel her zu erwarten. Ihn hat er von den Toten auferweckt, Jesus, der uns errettet vor dem kommenden Zorngericht."

Die Hinwendung zu dem wahren Gott ist zugleich eine Abkehr von den Götzen; eine solche Umkehr durch den Glauben an Jesus ist für jeden notwendig.

Als weitere Elemente der Predigt von Paulus vor Heiden nennt Eckhard Schnabel:[24] Aufgrund des stellvertretenden Todes Jesu vergibt Gott die Sünden (1Kor 1,17f). Der auferstandene Sohn Gottes wird wiederkommen und die an ihn Glaubenden im Gericht Gottes über die Welt retten. Gott fordert den Gehorsam der Menschen; er ruft sie zu einem erneuerten Leben im Dienst für Gott und in der Kraft des Heiligen Geistes.

2.4 Kontextualisierung des Evangeliums

Schon die unterschiedliche Predigt gegenüber Juden und Heiden zeigt, dass Paulus seine Hörer ernst nimmt und ihnen das Evangelium so verkündigt, dass sie es verstehen und im Glauben annehmen können. Dazu gehört, dass Paulus Vorstellungen und Begriffe verwendet, die den Menschen aus ihrer Erfahrung vertraut sind, um mit ihnen die Heilsbedeutung des Todes Jesu zu verdeutlichen.

Paulus selbst versteht die Heilsbedeutung des stellvertretenden Kreuzestodes Christi grundsätzlich von der alttestamentlichen

23 Vgl. Don N. Howell, Mission in Paul's Epistles: Genesis, Pattern, and Dynamics; in: Mission in the New Testament. An Evangelical Approach, hg. v. William J. Larkin und Joel F. Williams, ASMS 27, Maryknoll ²1999, S. 63-91, S. 71.

24 Vgl. Schnabel, Mission, S. 1327-1331.

Sühnevorstellung her.[25] Diese ist in der Antike jedoch für nichtjüdische Menschen missverständlich. Meistens wird sie so verstanden, dass der Mensch Gott durch Opfer gnädig stimmen muss, um der Strafe der Götter zu entgehen. Deshalb gebraucht Paulus andere, den Menschen bekannte Vorstellungen. Dazu gehört die Vorstellung von der Versöhnung, die Feindschaft beendet und eine neue Gemeinschaft begründet, die im Frieden gelebt wird (Röm 5,10f; 11,15; 2Kor 5,18-20; Eph 2,16; Kol 1,20.22).[26] Dazu gehört auch die Vorstellung, dass Sklaven durch die Zahlung eines Lösegelds freigekauft werden, damit sie in Freiheit leben können (1Kor 6,20; 7,23; Gal 3,13; 4,4f; 1Tim 2,5f; Tit 2,14).[27]

In der Aeropagrede thematisiert Paulus die Erlösungssehnsucht der Menschen (Apg 17,22-31), auf die er auch in Römer 8,19-25 eingeht.[28] Die Aeropagrede ist *nicht* das typische Beispiel einer Missionspredigt,[29]

25 Vgl. dazu Hofius, Erwägungen, S. 5f.

26 Der Begriff der Versöhnung wurde im außerbiblischen Sprachgebrauch selten auf das Verhältnis zwischen Mensch und Gott angewandt. Im Neuen Testament wird καταλλάσσω (*katallassō* – versöhnen) dagegen nur einmal für Versöhnung im zwischenmenschlichen Bereich gebraucht (1Kor 7,11). Eine Christin, die sich von ihrem Mann scheiden ließ, soll entweder unverheiratet bleiben oder sich mit ihrem Mann versöhnen, das heißt die eheliche Gemeinschaft mit ihm wieder aufnehmen und im Frieden zusammenleben. Die gleiche Bedeutung wie καταλλάσσω (*katallassō*) hat das nur in Matthäus 5,24 vorkommende Wort διαλλάσσομαι (*diallassomai* – sich aussöhnen). Wenn jemandem, der ein Opfer darbringen will, bewusst wird, dass er an seinem Bruder schuldig geworden ist, soll er sich mit ihm vor dem Opfern versöhnen, indem er das, was die Gemeinschaft gestört hat, bereinigt.

27 Zu dieser Vorstellung gehört auch der Begriff ἀπολύτρωσις (*apolytrōsis* – Erlösung), der meines Erachtens nicht nur die allgemeine Bedeutung von „Erlösung" oder „Befreiung" hat. Das Mittel der ἀπολύτρωσις – im Bild des Loskaufs das Lösegeld – ist nach den paulinischen Aussagen das Blut Christi bzw. seine stellvertretende Lebenshingabe (vgl. dazu im Einzelnen Wilfrid Haubeck, Loskauf durch Christus. Herkunft, Gestalt und Bedeutung des paulinischen Loskaufmotivs, Gießen 1985, S. 167-205). Von der ἀπολύτρωσις ist bei Paulus in Röm 3,24; 8,23; 1Kor 1,30; Eph 1,7.14; 4,30 und Kol 1,14 die Rede.

28 Vgl. Hahn, Theologie II, S. 632f.

29 Jervell sieht diese einzige Rede an Heiden in der Apostelgeschichte nicht als Missionsrede an, da das Evangelium vollständig fehle (Jacob Jervell, Die Apostelgeschichte, KEK 3, Göttingen 1998, S. 445). Dagegen meint Roloff, dass die Rede „in ihrem Aufriss streng dem Schema der hellenistisch-judenchristlichen Heidenmissionspredigt" folge (Jürgen Roloff, Die Apostelgeschichte, NTD 5, Göttingen 1981, S. 256); vgl. Rudolf Pesch, Die Apostelgeschichte (2 Bände), EKK V, Neukirchen-Vluyn 1986, Bd. II, S. 132.

sondern Paulus wird zuvor aufgefordert, sich zu seiner Gotteslehre zu äußern.[30] Dabei holt Paulus seine Zuhörer, epikureische und stoische Philosophen (Apg 17,18), gedanklich und sprachlich bei ihren Vorstellungen ab und kontextualisiert damit das Evangelium. Zugleich kritisiert er die heidnische Religiosität, indem er auf den *einen* Gott verweist, der die Welt geschaffen hat und sie richten wird. Zu ihm sollen seine Zuhörer umkehren (18,30).[31] Als er von der Auferweckung spricht – ohne den Namen Jesus zu nennen –, brechen seine Zuhörer den Dialog ab. Paulus benutzt also „die Denk- und Sprachgewohnheiten seiner unvorbereiteten Zuhörer: als Brückenkopf ... und als Signal, weil er sie als zuhörende Gesprächspartner ernst nimmt“[32]. So stellt er ihnen den *einen* wahren Gott vor.[33] Auf dieser Basis kann er dann das Evangelium von Jesus Christus verkündigen.

3. Gesandter: Paulus, der Apostel der Völker

3.1 Der Apostel der Völker

Paulus weiß sich von Gott berufen, das Evangelium von Jesus Christus unter den Völkern zu verkündigen (Gal 1,15f).[34] Deshalb bezeichnet er sich in Römer 11,13 als Apostel der Völker (ἐθνῶν ἀπόστολος – *ethnōn apostolos*). Er will jedoch durch seinen Dienst auch einige

30 Vgl. dazu im Einzelnen Schnabel, Mission, S. 1333-1344.

31 Im Unterschied zu antiken Kulten, die sich zwar „immer wieder in Konkurrenz um individuellen Zuspruch und öffentliche Präsenz“ sahen, denen aber der „Exklusivitätsanspruch“ fehlte (Jürgen Zangenberg, Mission in der Antike und im antiken Judentum; in: ZNT 15, 2005, S. 12-21, S. 14), schließt der christliche Glaube – wie das frühe Judentum – die gleichzeitige Verehrung anderer Götter aus.

32 Schnabel, Mission, S. 1342.

33 Pesch spricht von einer „monotheistischen Propädeutik“ (Pesch, Apostelgeschichte II, S. 132).

34 Galater 1,15f schließt nicht aus, „dass es sich bei der Aufnahme der Heidenmission um eine etwas später aus der Christus-Offenbarung erwachsene Erkenntnis des Apostels handelt“ (Rainer Riesner, Die Frühzeit des Apostels Paulus. Studien zur Chronologie, Missionsstrategie und Theologie, WUNT 71, Tübingen 1994, S. 208); vgl. Hengel/Schwemer, Paulus, S. 77-80; Wolfgang Reinbold, Propaganda und Mission im ältesten Christentum. Eine Untersuchung zu den Modalitäten der Ausbreitung der frühen Kirche, FRLANT 188, Göttingen 2000, S. 164-168.

seiner jüdischen Volksgenossen retten (vgl. Röm 11,13f). In Römer 15,16 nennt Paulus sich einen λειτουργός (*leitourgos* – Diener) für die Völker. Mit diesem kultisch gebrauchten Wort sieht er „seinen Dienst am Evangelium im Bild des Priesterdienstes".[35] Für Paulus ist der Auftrag zur Verkündigung des Evangeliums unter den Völkern das „Leitmotiv seines gesamten Wirkens"[36].

Die weltweite Dimension des missionarischen Handelns ist im Evangelium selbst begründet.[37] Weil Gott durch den Kreuzestod Jesu die Welt mit sich versöhnt hat, bekommt der Dienst der Versöhnung eine kosmische Weite. Deshalb weiß Paulus sich allen Völkern gegenüber verpflichtet, ihnen das Evangelium zu verkündigen (vgl. Röm 1,14).[38] Der Apostel wird bei seiner Mission von der Liebe Christi motiviert, der für alle gestorben ist (2Kor 5,14). Schnabel sagt deshalb: „Der *cantus firmus* der Weltmission ist die opferbereite Liebe."[39] „Gott erhebt Anspruch auf die Welt als seine Schöpfung, indem er sie mit sich versöhnt und in eine neue Heilsgemeinschaft stellt (2Kor 5,17ff)."[40]

Florian Wilk hat in einer Untersuchung die Bedeutung des Jesajabuches für das apostolische Selbstverständnis von Paulus

35 Horst Balz, Art. λειτουργία κτλ. (*leitourgia ktl.* – Dienst, Gottesdienst usw.); in: EWNT II, Sp. 859f. „Vom Zshg. her ist aber nicht eine neue kultische Dimension des Evangeliums oder gar eine sakrale Funktion des Apostels als des Priesters Christi anzunehmen, sondern das Bild von der endzeitlichen προσφορά [*prosphora* – Opfer, Darbringung], die in der Heidenwelt besteht, zeigt auf die eigtl., eschatologische Erfüllung bisher an den Kult gebundener Hoffnungen in der Weltmission des Pls hin" (ebd., Sp. 860). Schnabel spricht davon, dass die kultische Sprache „durch die eschatologische Erfüllung transformiert" werde (Schnabel, Mission, S. 935).

36 Hahn, Theologie II, S. 638; vgl. Wolfgang Kraus, in: Paulus Handbuch, hg. v. Friedrich W. Horn, Tübingen 2013, S. 230: „Die Verkündigung des Evangeliums durch Paulus hat somit von vornherein die Zweckbestimmung der Völkermission."

37 Hahn, Verständnis, S. 84.

38 Zeller, Theologie, S. 179. – Die „Geh-Struktur" (vgl. Mt 28,19; Mk 16,15) stellt ein Charakteristikum frühchristlicher Mission dar, das im frühen Judentum fehlte (Rainer Riesner, A Pre-Christian Jewish Mission?; in: The Mission of the Early Church to Jews and Gentiles, hg. v. Jostein Ådna und Hans Kvalbein, WUNT 127, Tübingen 2000, S. 211-250, S. 250; Zangenberg, Mission, S. 19).

39 Schnabel, Mission, S. 920. – Hervorhebungen in Zitaten entsprechen der jeweiligen Vorlage.

40 Hahn, Verständnis, S. 84.

herausgearbeitet. Paulus beziehe sich mehrfach auf die Gottesknechtslieder und deute von ihnen her seinen Auftrag (vgl. insbesondere Röm 10,15; 15,21; 2Kor 6,2; Gal 1,15f). Wilk kommt zu dem Schluss, dass Paulus sich mit der „Person, die in Jes 42,6; 49,1-8; 52,7-12 und 61,1-3 spricht bzw. angesprochen oder beschrieben wird", identifiziere;[41] diese und weitere Texte erlauben es Paulus, von ihnen her „die Eigenart seines heidenmissionarischen Auftrags zu verstehen"[42]. Er sehe sich als „der von Gott berufene Mittler des in Christus beschlossenen Heils für die Heiden. Gerade in der Wahrnehmung dieser Aufgabe aber erweist er sich als ‚Israelit': Er erfüllt nämlich den Auftrag Israels gegenüber den Heiden; und dabei ist seine Existenz aufs engste mit dem Geschick des Gottesvolkes verflochten"[43], denn „durch das paulinische Missionswerk realisiert sich das in Christus beschlossene ‚Heil' Gottes – unmittelbar für die Heiden, mittelbar für Israel"[44]. Das bedeutet meines Erachtens jedoch nicht, dass Paulus sich exklusiv als *den* jesajanischen Gottesknecht verstand, sondern dass sich auch durch seine Missionstätigkeit als Apostel der Völker das erfüllt, was im Jesajabuch verheißen ist.[45]

41 Florian Wilk, Die Bedeutung des Jesajabuches für Paulus, FRLANT 179, Göttingen 1998, S. 406. – Nach der lukanischen Darstellung bezogen Paulus und Barnabas in der Synagoge von Antiochien Jesaja 49,6 auf ihre Missionstätigkeit: „Denn so hat uns der Herr geboten: ‚Ich habe dich zum Licht für die Völker bestimmt, damit du zur Rettung werdest bis ans Ende der Erde'" (Apg 13,47).

42 Wilk, Bedeutung, S. 406. Nach ihm bilden Jesaja 49,1-13 und 52,7–53,2 – also nicht eingeschränkt auf die Gottesknechtslieder – „das Zentrum der vom Apostel auf sein Wirken unter den Heiden gedeuteten Texte" (ebd., S. 346). – Schnabel meint: „Paulus weiß sich von Jesus Christus beauftragt, das Werk des Gottesknechts … auszuführen: Das Licht des Evangeliums soll unter den Nationen leuchten" (Schnabel, Mission, S. 905; vgl. Riesner, Frühzeit, S. 208f).

43 Wilk, Bedeutung, S. 408. Nach Wilk „ist die Eigenart des Jesajabuches im paulinischen Verständnis wie folgt zu bestimmen: Als Prophetie auf das Christusgeschehen, das sich vom Kreuz Jesu bis zu seiner Parusie erstreckt, thematisiert das Jesajabuch primär die Berufung der Christengemeinde und die Rettung ganz Israels; dabei erweist es das Missionswerk des Paulus als das entscheidende Medium der Umsetzung des göttlichen Heilswillens und zeigt die enge … Verflechtung der Existenz des Apostels mit dem Geschick Israels auf" (ebd., S. 378).

44 Wilk, Bedeutung, S. 374.

45 Auch Wilk bezieht die Aussagen nicht nur auf das Selbstverständnis von Paulus: „So liest Paulus das Jesajabuch als *Zeugnis und Interpretament* des universalen Heilshandelns Gottes in Christus, indem er anhand dieses Buches sich selbst, die

3.2 Paulus will allen alles werden

Weil Paulus an Christus gebunden ist, ist er frei von sich selbst und von den Menschen. Im Blick auf seine missionarische Tätigkeit entfaltet er diese Freiheit in 1. Korinther 9,19-23.

(19) Denn obwohl ich gegenüber allen frei bin, habe ich mich selbst allen zum Sklaven gemacht, um möglichst viele zu gewinnen. (20) Das heißt: Ich bin für die Juden wie ein Jude geworden, um Juden zu gewinnen; für die, die unter dem Gesetz stehen, wie einer, der unter dem Gesetz steht – obwohl ich selbst nicht unter dem Gesetz stehe –, um die, die unter dem Gesetz stehen, zu gewinnen. (21) Für die, die ohne Gesetz sind [d. h. die Nichtjuden], wie einer, der ohne Gesetz ist – obwohl ich nicht ohne das Gesetz Gottes bin, sondern an das Gesetz Christi gebunden bin –, um die, die ohne Gesetz sind, zu retten. (22) Ich bin für die Schwachen ein Schwacher geworden, um die Schwachen zu gewinnen. Für alle bin ich alles geworden, um auf alle Weise einige zu retten. (23) Aber alles tue ich um des Evangeliums willen, damit ich an ihm Anteil bekomme.

Durch seine Freiheit gewinnt Paulus eine Offenheit gegenüber den unterschiedlichen Gruppen von Menschen. Sie ist jedoch „nicht zu verwechseln mit geschickter taktischer Anpassungsfähigkeit nach allen Seiten“[46].

Paulus wendet die Freiheit auf die beiden Menschheitsgruppen Juden und Heiden an. Als ein vom Gesetz Befreiter kann er aus Liebe jüdische Sitten einhalten, ohne wieder in die Sklaverei des Gesetzes zurückzufallen.[47] Als ein von Christus Befreiter kann er den Heiden,

Christengemeinde und Israel in je eigener Weise als Empfänger und Mittler dieses Handelns begreift“ (Wilk, Bedeutung, S. 380). Nach O'Brien ist Paulus überzeugt, dass er das Werk des Gottesknechts fortsetzt, selbst wenn er sich nicht explizit mit diesem identifiziert (Peter T. O'Brien, Gospel and Mission in the Writings of Paul. An Exegetical and Theological Analysis, Grand Rapids 1995, S. 46).

46 Lang, Korinther, S. 119. Es geht dabei nicht um „eine Taktik des Verhaltens“, sondern um die Entsprechung zur Intention und zum Inhalt des Evangeliums, insofern um „die Konsequenz des Evangeliums“ (Eichholz, Theologie, S. 49); vgl. Peter Stuhlmacher, Weg, Stil und Konsequenzen urchristlicher Mission; in: ThBeitr 12, 1981, S. 107-135, S. 124f. Reinbold sieht dagegen in diesen Versen kein Programm für die Missionspraxis von Paulus (Reinbold, Propaganda, S. 177f).

47 Lang, Korinther, S. 120.

die ohne das Gesetz Moses leben, werden wie einer, für den das Gesetz keine Voraussetzung für das Evangelium ist.[48] Dies bedeutet für ihn jedoch keine Gesetzlosigkeit, weil er ἔννομος Χριστοῦ (*ennomos Christou*) ist, also an das Gesetz Christi gebunden ist (1Kor 9,21; vgl. Gal 6,2). Dieses Gesetz Christi orientiert sich an der Liebe, mit der Christus sich den Menschen zugewandt und durch die er sein Leben zur Erlösung für sie hingegeben hat. Es geht also um ein „Tun und Verhalten, das an der Heilstat Christi orientiert ist und sich dem gekreuzigten Kyrios verpflichtet und verantwortlich weiß"[49]. David Bosch stellt zu Recht fest, dass die überwältigende Erfahrung der Liebe Gottes der „innerste Kern der missionarischen Motivation des Paulus" ist.[50]

Paulus wendet sich den unterschiedlichen Gruppen von Menschen so zu, dass er ihre Voraussetzungen ernst nimmt und auf sie eingeht.[51] Weil er sich dem Evangelium verpflichtet weiß,[52] in dem „das Heil und das Leben beschlossen sind, fühlt er sich verpflichtet, es noch

48 Vgl. Wolfgang Schrage, Der erste Brief an die Korinther. 2. Teilband: 1Kor 6,12–11,16, EKKVII/2, Neukirchen-Vluyn 1995, S. 344.

49 Otfried Hofius, Das Gesetz des Mose und das Gesetz Christi; in: ders., Paulusstudien, WUNT 51, Tübingen ^{2}1994, S. 50-74, S. 71. Er verweist dazu in Anm. 73 noch auf Röm 14,1ff (V. 8f.15f); 1Kor 1,10ff (V. 13); 5,7f; 6,1-11 (V. 11); 6,12-20 (V. 14f.17.19f); 8,11f; 10,23–11,1 (11,1); 2Kor 1,17-20; 1Thess 4,1ff. Hofius bestimmt den νόμος τοῦ Χριστοῦ (*nomos tou Christou* – Gesetz Christi) wie folgt: Das Gesetz Christi ist „*die Weisung des Gekreuzigten*, die verbindliche, die Gemeinde im Gehorsam an ihren Herrn bindende Proklamation seines Herr-Seins *als* des Gekreuzigten. Es ist der in dem Zuspruch des Evangeliums Christi begründete Anspruch eben dieses Evangeliums selbst" (ebd., S. 72). – Vgl. auch Hans-Joachim Eckstein, Gesetz, Evangelium und Weisung bei Paulus; in: Gesetz und Evangelium. Zuspruch und Anspruch in Bibel, Verkündigung und Seelsorge, hg. v. Wilfrid Haubeck und Wolfgang Heinrichs, ThImp 19, Witten 2009, S. 29-61, S. 37f; Thomas Söding, Glaube, der durch Liebe wirkt. Rechtfertigung und Ethik im Galaterbrief; in: Umstrittener Galaterbrief. Studien zur Situierung der Theologie des Paulus-Schreibens, hg. v. Michael Bachmann und Bernd Kollmann, BThSt 106, Neukirchen-Vluyn 2010, S. 165-206, S. 185f.

50 David J. Bosch, Mission im Wandel. Paradigmenwechsel in der Missionstheologie, hg. v. Martin Reppenhagen, Gießen 2012, S. 161.

51 „Paulus sucht den Hörer auf, wo er zu Hause ist, wobei dieses Zuhause weit genug zu fassen ist: räumlich, sprachlich, geschichtlich …" (Eichholz, Theologie, S. 53); vgl. Schnabel, Mission, S. 914f.

52 „Die bestimmende Mitte des anpassungsfähigen Verhaltens ist das Evangelium, nicht das pragmatische Motiv der Effektivität" (Schnabel, Mission, S. 919).

möglichst vielen Menschen vor der Parusie Christi zu verkündigen“[53]. Dabei verfolgt er das Ziel, möglichst viele zu gewinnen, das heißt, dass sie durch die Annahme des Evangeliums im Glauben an Jesus Christus gerettet werden (vgl. 1Kor 10,32f).[54]

3.3 Bitten als Gesandter

Paulus beschreibt seinen Auftrag mit unterschiedlichen Begriffen. Dabei verwendet er Vorstellungen, die auch für andere Missionare gelten. Dazu gehört der Herold (κῆρυξ – *kēryx*), der „von dem verwirklichten Heil Kunde gibt und damit Heil ausruft und wirksam werden lässt“[55]. Paulus bezieht diesen Begriff in 1. Timotheus 2,7 und 2. Timotheus 1,11 auf sich.

Paulus versteht sich und Apollos als Diener (διάκονος – *diakonos*), durch die die Christen in Korinth zum Glauben gekommen sind (1Kor 3,5). Seine Aufgabe ist Dienst. Er ist Diener Gottes und Jesu Christi (2Kor 6,4; 11,23; Eph 3,7),[56] Diener des neuen Bundes (2Kor 3,6) und des Evangeliums (Kol 1,23). Zugleich ist er aber auch Diener der Gemeinden (Kol 1,25), und er nennt sich sogar einen Sklaven aller (1Kor 9,19). „Missionare sind *diakonoi*, deren Lebensinhalt ganz auf den Dienst für ihren Herrn abgestellt ist.“[57]

In 2. Korinther 5,20 illustriert Paulus seinen missionarischen Auftrag mit dem politischen Bild des Gesandten (vgl. Eph 6,20), der im Streit zwischen feindlichen Parteien vermittelt, um Versöhnung zu erreichen. Er handelt als bevollmächtigter Gesandter (πρεσβεύω – *presbeuō*), der „die Bedingungen und Zusagen des

53 Lang, Korinther, S. 121; vgl. Bosch, Mission, S. 158f. „Sein eigenes Heil hängt davon ab, dass er seinem apostolischen Auftrag treu bleibt“ (Lang, Korinther, S. 121).

54 Vgl. O'Brien, Gospel, S. 95.

55 Hahn, Theologie II, S. 415. Zum Wortfeld gehören das relativ häufige Verb κηρύσσω (*kēryssō* – bekanntmachen, verkünden) und das Substantiv κήρυγμα (*kērygma* – Verkündigung, Ausrufung), „das von einem vollmächtigen Boten Verkündigte“ (ebd.).

56 Vgl. Kraus, in: Paulus Handbuch, S. 234f.

57 Schnabel, Mission, S. 940.

Friedensschlusses bekanntgibt"[58]. „So sind wir nun Botschafter für Christus, weil Gott durch uns ermahnt; wir bitten an Christi statt: Lasst euch versöhnen mit Gott" (2Kor 5,20). Als Gesandte Christi *bitten* wir die Menschen in Gottes Auftrag, sich mit Gott versöhnen zu lassen. Wir bitten sie, die durch Christus bewirkte Versöhnung anzunehmen und in ihrem Leben Wirklichkeit werden zu lassen. Weil Gott die Entscheidungsfreiheit des Menschen respektiert und sie nicht zum Frieden mit ihm zwingt, sendet er uns an Christi statt als *Bittende*.[59] Theo Sundermeier betont deshalb zu Recht, dass die Freiheit eine Dimension christlicher Mission sei. Weil Gott als der Liebende zum Menschen kommt, sucht er den Weg zum Herzen des Menschen; das setzt dessen Freiheit voraus, das Bitten Christi abzulehnen oder anzunehmen.[60]

4. Durchführung: Auf dem Weg zu den Menschen

4.1 Strategie und Planungen

Die Frage, ob Paulus am Anfang eine Missionsstrategie entwickelt hatte, die er durch seine Missionsreisen verwirklichte, ist umstritten. Wahrscheinlich hat er keine *geografische* Gesamtstrategie verfolgt.[61] Einzelne Exegeten meinen, dass Paulus seine missionarische Arbeit von der endzeitlichen Vision von Jesaja 66 her interpretiert und daraus eine Strategie entwickelt habe.[62] Diese These ist jedoch nicht ohne Probleme.[63]

Schnabel vertritt die Auffassung:

58 Wilckens, Theologie I/3, S. 122; vgl. Schnabel, Mission, S. 927f; Kraus, in: Paulus Handbuch, S. 234.

59 Vgl. Lang, Korinther, S. 302.

60 Vgl. Theo Sundermeier, Missio Dei heute. Zur Identität christlicher Mission; in: ThLZ 127, 2002, Sp. 1243-1262, Sp. 1247.

61 Vgl. Schnabel, Mission, S. 1261; Christian Strecker, in: Paulus Handbuch, S. 271.

62 So Riesner, Frühzeit, S. 216-225.

63 Zur Kritik Schnabel, Mission, S. 1237-1239; vgl. Strecker, in: Paulus Handbuch, S. 271f.

„Paulus verfolgte eine *internationale* Gesamtstrategie: Er wollte in Provinzen und Landschaften, in Regionen und Städten missionieren, in denen vor ihm kein anderer Missionar gepredigt hatte, er wollte sowohl Juden wie Heiden zum Glauben an Jesus Christus führen, er wollte Gebildete und Ungebildete erreichen“[64] (vgl. Röm 1,14).

Für eine solche international operierende Gruppe von Menschen gab es in der Antike keine Parallelen;[65] dies gilt auch für das frühe Judentum.[66]

64 Schnabel, Mission, S. 1261.

65 Schnabel, Mission, S. 1482; ähnlich schon Martin Hengel, Die Ursprünge der christlichen Mission; in: NTS 18, 1971/72, S. 15-38, S. 17. Vgl. noch Eckhard Schnabel, Evangelisation im Neuen Testament; in: Evangelisation im Gegenwind. Zur Theologie und Praxis der Glaubensverkündigung in der säkularen Gesellschaft, Gießen 2002, S. 11-45, S. 25f; Zangenberg, Mission, S. 19f.

66 Die Frage, inwieweit es im frühen Judentum missionarische Bestrebungen gab, ist in der Forschung umstritten. 1953 vertrat Jeremias die Meinung: *„Als Jesus auftrat, war in Israel ein Missionszeitalter wie nie zuvor und wie nie wieder seither* … das Judentum ist die erste große Missionsreligion der Welt des Mittelmeerraumes“ (Joachim Jeremias, Jesu Verheißung für die Völker, FDV 1953, Stuttgart 1956, S. 9). Diese Aussagen gaben im Wesentlichen den Konsens bis in die 80er-Jahre wieder (Thomas Schmeller, Mission im Urchristentum. Definition – Motivation – Konkretion; in: ZNT 15, 2005, S. 211, S. 6; vgl. zur Forschungsgeschichte Riesner, Mission, S. 211-220). Später sahen andere das Judentum des 1. Jahrhunderts nicht als missionarische Religion an (vgl. Zangenberg, Mission, S. 18). Sie gewannen Proselyten durch die „(passive) Attraktivität der Synagoge“ und die Eigeninitiative von Heiden (vgl. ebd.). Die Antwort auf die Frage, ob das frühe Judentum eine missionarische Religion war, hängt insbesondere davon ab, wie man eine solche definiert. Riesner schlägt folgende Definition vor: *„A missionary religion intends to win converts, and this is accomplished actively by at least some of its members“*, wobei er Mission als Aktivität versteht, die darauf gerichtet ist, Bekehrte zu gewinnen (Riesner, Mission, S. 223). Schmeller selbst vertritt eine mittlere Position, nämlich dass es im frühen Judentum unterschiedliche Haltungen und Aktivitäten gab, um Menschen für das Judentum zu gewinnen. Er hält es für „sehr wahrscheinlich, dass jüdische Missionsbestrebungen, wo es sie denn gab, ein wichtiges Vorbild für die urchristlichen waren“ (Schmeller, Mission, S. 7). Hengel/Schwemer meinen, dass es irreführend sei, „von einer jüdischen *‚Mission‘* im eigentlichen Sinne zu sprechen. Die *‚Sendung‘* zur Verkündigung einer *Heilsbotschaft* ist ein neues – judenchristliches – Phänomen und hängt mit dem *eschatologischen* Charakter der Reich-Gottes- und Christusverkündigung und der begrenzten Zeit vor der Parusie zusammen“ (Hengel/Schwemer, Paulus, S. 129; vgl. Riesner, Mission, S. 249f). „Man betrieb zwar kaum eine offen werbende oder gar aggressive Propaganda, war aber im besten Sinne des Wortes *‚attraktiv‘*, d. h. anziehend für

Die Planung für dieses Vorhaben war nach Schnabel relativ einfach: „Paulus reist auf den großen römischen Straßen von Stadt zu Stadt, predigt das Evangelium von Jesus Christus und gründet Gemeinden – in Arabien, in Syrien und in Kilikien, auf Zypern, in Kleinasien, in Makedonien und in Achaia, und, so war es geplant, auch in Spanien.“[67] Paulus kann seine Pläne ändern, wenn er bestimmte Gebiete nicht erreichen kann. So stellt er seine Planung letztlich unter die Souveränität Gottes (Apg 16,6-8). Die Apostelgeschichte und die Paulusbriefe zeigen eine „Mischung aus Gebet, Planung, Führung und vernünftigen, aus der Situation heraus notwendigen und erklärbaren Entscheidungen“[68].

Man kann beobachten, dass Paulus seine Missionsarbeit vorwiegend auf städtische Zentren und Provinzhauptstädte konzentriert hat,[69] wenn auch nicht ausschließlich, wie die Mission in Galatien zeigt (Apg 13,44–14,23). Paulus setzte wohl darauf, dass die Gemeinden in den Zentren auf ihre Umgebung ausstrahlten.[70]

interessierte Nichtjuden, und an denen fehlte es nicht. Denn man vertrat ja den *Wahrheitsanspruch des einen Gottes*“ (Hengel/Schwemer, Paulus, S. 130; vgl. S. 131 Anm. 545); vgl. Stuhlmacher, Weg, S. 107109.

67 Schnabel, Mission, S. 1241. „Er orientiert sich an römischen Militärkolonien wie Antiochia ad Pisidiam, Lystra, Ikonion, Troas, Philippi, Korinth. Damit bleibt er auch auf den Haupthandelsstraßen, denn die Kolonien schützen gerade die Verkehrswege“ (Cilliers Breytenbach, in: Paulus Handbuch, S. 102).

68 Schnabel, Mission, S. 1261. Vgl. dazu u. a. Röm 1,9-13; 15,30-32; 1Kor 16,7; 2Kor 1,15-17; Gal 2,2; Phil 2,24; 1Thess 2,18; 3,1.10; Apg 16,6-9.

69 Strecker, in: Paulus Handbuch, S. 271; vgl. Bosch, Mission, S. 150f; Wilckens, Theologie I/3, S. 26f. Vgl. dazu den Gebrauch der Provinznamen in Röm 15,26; 16,5; 1Kor 16,15; 2Kor 9,2.

70 Vgl. dazu Schnabel, der diese Annahme für plausibler hält als den Vorschlag, „mit der Missionierung der großen Städte sei repräsentativ die ganze Provinz mit dem Evangelium erreicht worden“ (Schnabel, Mission, S. 1397; vgl. I. Howard Marshall, Who were the evangelists?; in: The Mission of the Early Church to Jews and Gentiles, hg. v. Jostein Ådna und Hans Kvalbein, WUNT 127, Tübingen 2000, S. 251-263, S. 259). Strecker meint, dass das „Konzept der Zentrumsmission … den in Röm 15,19-23 formulierten hohen Selbstanspruch des Apostels erklären [mag], das Evangelium von Jerusalem bis Illyrien voll ausgerichtet zu haben“ (Strecker, in: Paulus Handbuch, S. 271); vgl. Wolf-Henning Ollrog, Paulus und seine Mitarbeiter. Untersuchungen zu Theorie und Praxis der paulinischen Mission, WMANT 50, Neukirchen-Vluyn 1979, S. 126f; Reinbold, Propaganda, S. 212. – Schnabel spricht außerdem von Missionszentralen, von denen aus Paulus seine missionarische Arbeit unternimmt (Schnabel, Mission, S. 13621365).

4.2 Gründung von Gemeinden

Paulus hat seine missionarische Tätigkeit vor allem als Pioniermission verstanden, nämlich an Orten, wo es noch keine Gemeinden gab (Röm 15,18-24; 2Kor 10,15f; vgl. 1Kor 3,10). Er hat dort unter Menschen missioniert, die das Evangelium noch nicht kannten. Dadurch kamen Menschen zum Glauben, denn die menschliche Verkündigung des Evangeliums erwies sich als Wort Gottes (1Thess 2,13; vgl. Gal 4,13f). Durch das Wirken des Heiligen Geistes offenbarte sich das Evangelium als Kraft, die Menschen das Heil in Christus vermittelt, indem sie es im Glauben annehmen (1Thess 1,5; 1Kor 2,3-5; vgl. 1,13f).
Walter Klaiber zieht daraus den Schluss:

> „Wo Paulus vom Anfang und daher vom Ursprung der Gemeinde spricht, redet er von der Verkündigung des Evangeliums, von der Botschaft des Gekreuzigten und von der Aufnahme dieser Verkündigung trotz schwacher menschlicher Boten. Wie sich dabei eine Gruppe von Menschen zusammenschließt und zur Gemeinde wird, darüber erfahren wir so gut wie nichts.“[71]

Für die Pioniermission lässt sich dieser Befund nur so erklären, „dass für Paulus die Annahme des Evangeliums die Entstehung der Gemeinde als Gemeinschaft impliziert“[72]. Indem Menschen durch das Evangelium zum Glauben kommen, entsteht Gemeinde Jesu Christi.[73]

So gründet Paulus durch seine Mission zahlreiche neue Gemeinden.[74] Diese entstanden vielfach als Hausgemeinden, die sich in Privathäusern wohlhabender Christen versammelten. Die soziale Vernetzung

71 Walter Klaiber, Rechtfertigung und Gemeinde. Eine Untersuchung zum paulinischen Kirchenverständnis, FRLANT 127, Göttingen 1982, S. 73.

72 Klaiber, Rechtfertigung, S. 74.

73 Die Glaubenden sind damit Gemeinde, ohne dass es einer besonderen Gründung bedarf. Organisatorisch ist das dann nachzuvollziehen(vgl. dazu Wilfrid Haubeck, Zum Verständnis der Gemeinde bei Paulus; in: Gemeinde der Zukunft – Zukunft der Gemeinde, ThImp 22,Witten 2011, S. 7-38, S. 28).

74 Sie sind „(Lebens-)Gemeinschaften der zum Glauben an Jesus Christus Gekommenen, denen sich Menschen mit der Taufe anschließen“ (Schnabel, Mission, S. 1311).

der Häuser bzw. Großfamilien in der Gesellschaft bot ein Netzwerk an Beziehungen mit vielfältigen Anknüpfungspunkten für missionarische Kontakte.[75] Die „Häuser" stellten die „bauliche, soziale, personelle und wirtschaftliche Basis sowohl der paulinischen Zentrumsmission als auch seiner überregionalen Arbeit dar"[76]. Die Privathäuser „dienten Paulus, seinen Mitarbeitern und den paulinischen Christen als Sammelpunkte, als Versammlungsräume für die Pflege der Gemeinschaft, für Gebet, Lehre und die Feier des Herrenmahls"[77]. Aus den Paulusbriefen ergibt sich, dass dies – wenn die Zahl der Christen zunahm und in einem Ort mehrere Hausgemeinden entstanden – zu einem Nebeneinander von Ortsgemeinde und Hausgemeinden führte.[78]

4.3 Förderung von Gemeinden

Paulus hat in seiner Missionspraxis nicht nur das Evangelium von Jesus Christus Juden und Heiden verkündigt und Gemeinden gegründet, sondern er hat diese Gemeinden auch über längere Zeit begleitet und gefördert. Das zeigen die wiederholten Besuche in von ihm gegründeten Gemeinden und auch die Briefe, die er ihnen geschrieben hat. In Korinth war er etwa achtzehn Monate bis zwei Jahre, in Ephesus sogar zwei bis drei Jahre, um die Gemeinden zu einem reifen Glauben zu führen.

Der Apostel der Völker hat die jungen Gemeinden also nach der Gründung nicht sich selbst überlassen. Seine missionarische Verantwortung schloss vielmehr ihre geistliche und theologische Stärkung ein.[79] Dazu gehörte erstens die theologische Unterweisung der Christen, wobei Paulus an das Alte Testament anknüpfte. Gerade die Heidenchristen mussten zweitens ethisch unterwiesen werden, um

75 Vgl. Roger W. Gehring, Hausgemeinde und Mission. Die Bedeutung antiker Häuser und Hausgemeinschaften – von Jesus bis Paulus, Gießen 2000, S. 383.483.

76 Gehring, Hausgemeinde, S. 381.

77 Gehring, Hausgemeinde, S. 381.

78 Vgl. Gehring, Hausgemeinde, S. 380.

79 Paulus hat „seine Gemeinden in eine *Mündigkeit und Verantwortlichkeit*" hineingeführt, „in der sie für ihren Weg selbst aufzukommen haben" (Eichholz, Theologie, S. 35). – Vgl. zum Folgenden Schnabel, Mission, S. 1311-1318; Howell, Mission, S. 75f.

die alttestamentlich-jüdische Ethik für ihr Leben zu lernen. Drittens brauchten die jungen Gemeinden eine ekklesiologische Unterweisung, um neue Formen des Gottesdienstes und neue Verhaltensweisen gegenüber den Mitchristen einzuüben. Solche Unterweisungen finden sich vielfältig in den paulinischen Briefen.

4.4 Mission als Netzwerk von Mitarbeitern

Ein wesentliches Kennzeichen der paulinischen Mission ist die Einbindung in ein Netzwerk von Mitarbeitern. „In keiner Phase seines missionarischen Wirkens ist Paulus als Einzelgänger unterwegs."[80] Die Zusammensetzung der Mitarbeiter hat häufig gewechselt. Schnabel führt 38 namentlich genannte Mitarbeiter auf, darunter 10 Frauen, während Markus Öhler sogar 69 Personen auflistet, die im Neuen Testament „in irgendeiner Weise mit der paulinischen Missionstätigkeit verbunden" sind.[81]

Die Mitarbeiterinnen und Mitarbeiter von Paulus hatten unterschiedliche Funktionen. Zu ihren Aufgaben gehörten die Begleitung auf der Reise mit einer schützenden und wohl auch stützenden Funktion sowie die – teilweise auch selbstständige – missionarische Verkündigung.[82] Häufig werden einzelne Mitarbeiter in Gemeinden gesandt, um diese zu betreuen, um Nachrichten sowie die Briefe von Paulus zu übermitteln, um zu lehren und aufgekommene Streitfragen zu klären. Gemeinden senden befristet Mitarbeiter zur Unterstützung der Missionsarbeit. Mitarbeiter sind auch an der Abfassung der Briefe des

80 Eva Ebel, Das Missionswerk des Paulus; in: Paulus. Leben – Umwelt – Werk – Briefe, hg. v. Oda Wischmeyer, Tübingen ²2012, S. 119-128, S. 124.

81 Schnabel, Mission, S. 1366-1368; Markus Öhler, in: Paulus Handbuch, S. 246-253. Hervorgehoben – weil häufiger genannt – sind in den Paulusbriefen und der Apostelgeschichte folgende Mitarbeiter: Barnabas, Timotheus, Lukas, Aquila und Priska bzw. Priszilla, Silas bzw. Silvanus, Titus und Tychikus sowie Apollos, Aristarchus und Johannes Markus.

82 Öhler, in: Paulus Handbuch, S. 253f; Schnabel, Mission, S. 1379-1383. Ollrog hat im Blick auf die Bezeichnung als συνεργός (*synergos* – Mitarbeiter) die These vertreten: „συνεργός *ist, wer mit Paulus zusammen als Beauftragter Gottes am gemeinsamen ‚Werk' der Missionsverkündigung arbeitet*" (Ollrog, Paulus, S. 67, im Detail dazu S. 68-72; vgl. dazu die Kritik von Reinbold, Propaganda, S. 213f).

Apostels beteiligt. Dieses Netzwerk von Mitarbeiterinnen und Mitarbeitern war von existenzieller Bedeutung, damit der missionarische Auftrag von Paulus durchgeführt werden konnte.[83]

4.5 Die missionarische Aufgabe der Gemeinden

In der Forschung ist umstritten, inwieweit Paulus von einer eigenverantwortlichen missionarischen Arbeit der von ihm gegründeten Gemeinden ausgeht. Diese wird von einigen bestritten, da in den Paulusbriefen konkrete Aufforderungen zur missionarischen Wirksamkeit fehlen.[84] Tatsächlich weist Paulus in seinen Briefen den Gemeinden nicht ausdrücklich die Aufgabe der Mission zu.[85]

Festzustellen ist jedoch, dass die Gemeinden sich missionarisch engagierten, indem sie einzelne ihrer Mitglieder als Mitarbeiter in die Missionsarbeit von Paulus aussandten (2Kor 8,23; Phil 2,25; vgl. Kol 4,12f).[86] Außerdem unterstützten sie seine Arbeit finanziell und durch ihre Gebete (vgl. Kol 4,2-6; Eph 6,18-20).[87] Darüber hinaus hatten ihr Verhalten im Alltag, ihre Nächstenliebe, ihr ethisch vorbildliches Auftreten und ihre Gottesdienste (vgl. 1Kor 14,24f) eine missionarische Dimension.[88] Peter Stuhlmacher sagt deshalb: „Mission geschieht nicht nur durch öffentliche Proklamation des Evangeliums und Unterricht im christlichen Glauben, sondern auch durch das vorbildliche

83 Öhler, in: Paulus Handbuch, S. 255.

84 Strecker, in: Paulus Handbuch, S. 272. Vgl. zu den Erklärungen für dieses Fehlen Schnabel, Mission, S. 1391-1395.

85 Schnabel, Mission, S. 1394.

86 Ollrog sieht die Gemeinden durch ihre entsandten Mitarbeiter in der Missionsarbeit bei Paulus vertreten, die dadurch ihre „Mitverantwortung und Teilhabe am paulinischen Missionswerk“ dokumentieren (Ollrog, Paulus, S. 121); vgl. Stuhlmacher, Weg, S. 123.

87 Vgl. dazu auch Otto Merk, Gemeinde – Fürbitte – Mission. Aspekte ihrer Zuordnung in den Deuteropaulinen; in: Kirche und Volk Gottes, FS Jürgen Roloff, hg. v. Martin Karrer, Wolfgang Kraus und Otto Merk, Neukirchen-Vluyn 2000, S. 163-175.

88 Zeller, Theologie, S. 181; Schnabel, Mission, S. 1424; Bosch, Mission, S. 160f; Strecker, in: Paulus Handbuch, S. 272.

Gemeindeleben der Christen."[89] Stellen wie 1. Thessalonicher 1,8[90]; Philipper 2,14-16 und 1. Korinther 10,31–11,1 zeigen, dass die Gemeinden eine missionarische Ausstrahlungskraft hatten.[91]

Die Metapher „Leib Christi" für die Gemeinde bedeutet unter anderem, dass die Gemeinde Christi Sendung fortsetzt und ihn in der Welt repräsentiert,[92] sodass Gott durch sie zu den Menschen redet und mit ihnen kommuniziert.[93]

Wenn Paulus in Philipper 1,5 der Gemeinde für ihre Gemeinschaft am Evangelium (κοινωνία εἰς τὸ εὐαγγέλιον – *koinōnia eis to euangelion*) dankt, so drückt dies ein aktives Mitwirken daran aus, das Evangelium zu verkündigen[94] (vgl. Phil 1,14-18). In Philipper 2,14-16 spricht Paulus davon, dass die Christen als Lichter in der Welt leuchten. Das weist darauf hin, dass sie das Evangelium auch den Nichtchristen in ihrer Umgebung verkündigt haben (Phil 1,12-17). Dies ist eine selbstverständliche Konsequenz des erfahrenen Heils in Jesus Christus.[95] Darauf verweist auch die Existenz von Evangelisten, die übergemeindlich sowie in den Gemeinden das Evangelium verkündigten (Eph 4,11; vgl. Apg 21,8; 2Tim 4,5).[96] Mitarbeiter aus den

89 Stuhlmacher, Zeugnisauftrag, S. 285.

90 Umstritten ist in der neutestamentlichen Exegese, ob dieser Vers auch von der missionarischen Verkündigung durch die Gemeinde in Thessalonich spricht (dafür Marshall, Evangelists, S. 259).

91 Für Schmeller fällt die nur „faktische Ausstrahlungskraft einer Gemeinde ..., die nicht mit der Intention einer [missionarischen] Wirkung nach außen verbunden ist", nicht unter den Begriff „Mission" (Schmeller, Mission, S. 5).

92 Vgl. Wolfgang Schrage, Der erste Brief an die Korinther. 3. Teilband: 1Kor 11,17–14,40, EKK VII/3, Neukirchen-Vluyn 1999, S. 212.

93 Vgl. Wilfrid Haubeck, Gemeinde im Epheserbrief. Aspekte zum Verständnis und zur Praxis; in: Lernen – Begegnen – Senden. 100 Jahre Theologische Hochschule Ewersbach, hg. v. Wilfrid Haubeck und MichaelSchröder, Witten 2012, S. 68-84, S. 71.

94 Schnabel, Mission, S. 1399; O'Brien, Gospel, S. 116. – O'Brien bezieht die Aufforderung von Paulus in 1. Korinther 11,1, seinem Beispiel zu folgen, nicht nur auf einen veränderten Lebensstil zur Ehre Gottes, sondern auch auf die missionarische Aufgabe, Menschen zu retten (1Kor 10,33; vgl. 9,19-23; ebd., S. 103f). „The apostle may not have expected his converts at Corinth to be engaged in missionary initiatives of the kind he was furthering; but each *in his or her own way and according to their personal gifts* ..." (ebd., S. 106).

95 Schnabel, Mission, S. 1399f; vgl. Hahn, Theologie II, S. 439.

96 Vgl. Wilfrid Haubeck, Ämter und ihre Funktionen im Epheserbrief; in: Berufen,

Gemeinden missionierten in der Umgebung und gründeten dort Gemeinden, so wahrscheinlich Epaphras in Kolossä und vielleicht auch in Laodizea und Hierapolis (Kol 4,12f; vgl. 1,7).[97] Dies zeigt, dass die Gemeinden nicht nur durch ihr Leben eine missionarische Ausstrahlungskraft besaßen, sondern dass sie sich auch durch Evangelisation aktiv an der missionarischen Aufgabe beteiligten.

5. Ziel: Die Rettung von Menschen und die Verherrlichung Gottes

5.1 Gott will die Rettung der Menschen

Paulus hat seinen Dienst vor allem als Verkündigung des Evangeliums verstanden. „Das Evangelium ist seinem Inhalt nach die Geschichte Gottes mit dem Menschen in Jesus Christus.“[98] Diese Geschichte Gottes beschreibt, wie Gott aus Liebe seinen Heilsplan zur Rettung von Menschen verwirklicht. Mission ist deshalb – wie Stuhlmacher sagt – „die Sendung zur Bezeugung des Evangeliums Gottes von Jesus Christus … und zwar die Sendung durch den auferstandenen und zur Rechten erhöhten Christus selbst. Das Hauptziel dieser Sendung ist es, möglichst viele Juden und Heiden für den Glauben an den Christus Jesus zu gewinnen.“[99]

Die Erlösung durch Christus zeigt Gottes Willen, dass *alle* Menschen gerettet werden und zur Erkenntnis der Wahrheit kommen sollen (1Tim 2,4-6; vgl. Röm 5,18f; 2Kor 5,18-21; Tit 2,11). Dieser

beauftragt, gebildet – Pastorales Selbstverständnis im Gespräch, hg. v. Markus Iff und Andreas Heiser, BThSt 131, Neukirchen-Vluyn 2012, S. 30-67, S. 54. Arnold meint, dass die Evangelisten wahrscheinlich in den Ortsgemeinden blieben und die Verkündigung des Evangeliums in den jeweiligen Orten und ihrer Umgebung fortsetzten (C. E. Arnold, Ephesians, ECNT, Grand Rapids 2010, S. 259); vgl. Markus Barth, Ephesians (2 Bände), AncB 34, New Haven 1974, Bd. 2, S. 438. Auch wenn die Evangelisten zum Aufbau der örtlichen Gemeinde beitragen, darf nicht übersehen werden, dass sie eben auch tun, was ihr Name sagt, nämlich evangelisieren (Marshall, Evangelists, S. 261).

97 Vgl. Ollrog, Paulus, S. 128f.

98 Eichholz, Theologie, S. 33.

99 Stuhlmacher, Zeugnisauftrag, S. 279.

Heilswille Gottes für alle Menschen bestimmt Paulus in seinem Dienst (1Kor 9,1923; 1Tim 2,7; 4,10), denn er wurde durch den auferweckten Christus zum Apostel der Völker berufen. Indem er Christus verkündigt, will er alle Menschen auf den rechten Weg weisen und unterrichten, damit jeder vollkommen in Christus werde (Kol 1,25-29). Zur Mission gehört für Paulus also nicht nur die Bekehrung der Menschen, sondern auch ihre Förderung, damit sie im Glauben wachsen und das Ziel, die endgültige Rettung, erreichen.

5.2 Die Gemeinde aus Juden und Heiden als neues Gottesvolk

Paulus verstand sich als Apostel der Völker und sah sich vor allem zu den nichtjüdischen Völkern gesandt (Gal 2,7-9). Trotzdem ist er meistens zuerst in die Synagoge gegangen, um den Juden und ihrem Freundeskreis, den Gottesfürchtigen (οἱ φοβούμενοι τὸν θεόν – *hoi phoboumenoi ton theon*), das Evangelium zu verkündigen. Dies war nicht nur ein taktisches Vorgehen, sondern entsprach seiner theologischen Überzeugung, dass das Evangelium zuerst den Juden gilt (Röm 1,16). Denn Jesus ist als der Israel verheißene Messias und Erlöser zunächst zu den Juden gesandt.[100] Nach Römer 9–11 ist nur ein „Rest" der Juden zum Glauben an Jesus gekommen, während die Mehrheit ihn abgelehnt hat. Das führtedazu, dass das Evangelium den Heidenvölkern verkündigt wird, bis ihre Fülle bzw. Vollzahl (τὸ πλήρωμα τῶν ἐθνῶν – *to plērōma tōn ethnōn*) gerettet ist (Röm 11,25-27). Dann wird im Zusammenhang der Wiederkunft Christi auch „ganz Israel"[101] (πᾶς Ἰσραήλ –

100 Vgl. Hahn, Verständnis, S. 89-91. Deshalb soll seine Heidenmission indirekt auch dazu dienen, dass Juden zur Eifersucht gereizt werden und so zum Glauben an Jesus Christus kommen (Röm 11,13f); vgl. Hahn, Verständnis, S. 93f; Reinbold, Propaganda, S. 172f; Schnabel, Mission, S. 1256f; Kraus, in: Paulus Handbuch, S. 233.

101 Die Gesamtheit des Volkes Israel meint hier „die von Gott festgelegte (Voll-)Zahl der zu rettenden Israeliten" (Jürgen van Oorschot, Hoffnung für Israel. Eine Studie zu Römer 11,25-32, ThDi 55, Gießen 1988, S. 26; vgl. Ulrich Wilckens, Der Brief an die Römer. 2. Teilband: Röm 6–11, EKK VI/2, Neukirchen-Vluyn 1980, S. 255f; anders Schnabel, Mission, S. 1258-1260).

pas Israēl) gerettet werden,[102] indem sie ihn als ihren Messias im Glauben anerkennen.[103]

Im Alten Testament ist verheißen, dass die Völker zum Zion strömen werden, um dort Anteil am Heil Israels zu gewinnen (Jes 2,2-4; 25,6f; 66,18-21; Mi 4,1-5). Diese Verheißung der „Völkerwallfahrt" erfüllt sich in der Mission unter den Völkern,[104] allerdings in umgekehrter Richtung.[105] Jerusalem wartet nicht auf das Herbeiströmen der Völker, sondern die Apostel – insbesondere Paulus und seine Mitarbeiter – gehen hin, damit die Völker das Heil Gottes durch den Messias Israels erfahren.[106] Das führt am Ende auch zu einer Rettung Israels.

Das Ziel Gottes mit den Menschen – und entsprechend der Mission – ist das *eine* Gottesvolk aus Juden und Heiden bzw. die eine Gemeinde aus Juden- und Heidenchristen.[107] Dies wird besonders im Epheserbrief betont.[108] Entsprechend dem Heilsratschluss Gottes vor

102 Das καὶ οὕτως (*kai houtōs* – und so) am Anfang von 11,26 ist auf καθὼς γέγραπται (*kathōs gegraptai* – wie geschrieben steht) zu beziehen (Peter Stuhlmacher, Zur Interpretation von Römer 11,25-32; in: Probleme biblischer Theologie, FS Gerhard von Rad, hg. v. Hans Walter Wolff, München 1971, S. 555-570, S. 560): So, wie es in Jesaja 59,20f verheißen ist, wird der vom Zion kommende Retter, der Messias, die Sünden Israels beseitigen und dadurch ganz Israel retten.

103 Zeller, Theologie, S. 184; Stuhlmacher, Interpretation, S. 562.

104 Riesner vertritt die These, dass Paulus Jesaja 66,18-21 „als sich in seinem Wirken erfüllend" las, „und Spuren dieser Exegese stehen hinter Röm 15,16-24" (Riesner, Frühzeit, S. 218, näher ausgeführt S. 216-225.272f); vgl. dazu Schnabel, Mission, S. 1238f.

105 So schon Ernst Käsemann, Paulus und der Frühkatholizismus; in: ders., Exegetische Versuche und Besinnungen II, Göttingen [3]1970, S. 239-252, S. 244; vgl. Stuhlmacher, Interpretation, S. 560f.

106 Vgl. Schnabel, Mission, S. 1481. Stott sieht den Grund für die Wende in der Auferweckung Jesu: „Weil *alle* Macht dem auferstandenen Herrn gehört, sendet er uns auch zu *allen* Nationen. Die universale Mission der Gemeinde wird legitimiert durch die universale Herrschaft Christi. Die Auferstehung begründet unseren Auftrag zur Mission" (John Stott, Christus und Mission – die Herausforderung der Gegenwart; in: JETh 3, 1989, S. 19-28, S. 24f).

107 Auch die Kollektenaktion für Jerusalem (Röm 15,25-27; vgl. 2Kor 8,13-15; 9,11-15) ist „für Paulus ein wesentlicher Ausdruck seines Wunsches, die Einheit der einen Kirche aus Juden- und Heidenchristen zu wahren und zum Ausdruck zu bringen" (Friedrich W. Horn, in: Paulus Handbuch, S. 119); vgl. Hahn, Verständnis, S. 93.

108 Vgl. dazu Haubeck, Ämter, S. 44f.

Erschaffung der Welt wollte er in Jesus Christus sein Geheimnis[109] verwirklichen: Die Heiden sollten Anteil am Heil erhalten, mit zum Leib Christi gehören und in Christus Anteil an den Verheißungen Gottes für sein Volk erhalten (Eph 3,6).[110] Durch die Versöhnung Christi hat Gott die Einheit der *einen* Gemeinde aus Juden und Heiden bewirkt, zu der Menschen aus allen Völkern gehören.[111]

5.3 Eschatologische Perspektive

Paulus sah seine Missionsaufgabe als Apostel der Völker im weltweiten Maßstab. Zugleich klingt in seinen (früheren) Briefen an einzelnen Stellen die Erwartung einer nahen Wiederkunft Jesu an.[112] Aber auch unabhängig von einer speziellen Naherwartung ist die Zeit für die Mission begrenzt.[113] Sie endet mit der Wiederkunft Jesu Christi, wenn er seine Herrschaft sichtbar aufrichten und Gott das Gericht über die Menschen durchführen wird.[114] So hat seine Mission eine eschatologische Perspektive; sie ist grundsätzlich auf die Parusie Jesu Christi bezogen.[115]

Die begrenzte Zeit macht die Mission dringlich, sodass Paulus sich

109 Es wird das Geheimnis Christi (Eph 3,4; vgl. Kol 4,3), das Geheimnis des Willens Gottes (Eph 1,9) und das Geheimnis des Evangeliums (6,19) genannt.

110 Von diesen Verheißungen waren die Heiden vor Christus ausgeschlossen (Eph 2,11-13); vgl. Haubeck, Gemeinde, S. 68-70.

111 Vgl. Jürgen Roloff, Die Kirche im Neuen Testament, GNT 10, Göttingen 1993, S. 233. Die einstigen Heiden erscheinen „als völlig gleichberechtigte und unbedingt lebensnotwendige Glieder" in der Gemeinde bzw. am Leib Christi (Joachim Gnilka, Der Epheserbrief, HThK X/2, Freiburg ^{2}1977, S. 168).

112 Siehe etwa Röm 13,11f; 1Kor 7,29-31; 1Thess 5,1-10. Vgl. Riesner, Frühzeit, S. 272.

113 Hengel meint: „Die Naherwartung der Parusie musste durch ein solches weltweites ‚Missionsprogramm' etwas von ihrer drängenden Unmittelbarkeit verlieren. Die Aufgabe der Völkermission schob sich als conditio sine qua non zwischen die unmittelbare Gegenwart und die Wiederkunft des Erhöhten" (Hengel, Ursprünge, S. 20).

114 In Epheser 5,16 und Kolosser 4,5 fordert Paulus die Gemeinden auf, die ihnen zur Verfügung stehende Zeit auszukaufen, sie also als einen begrenzten Zeitraum zu verstehen, den sie mit dessen Möglichkeiten ausnutzen sollen (vgl. Haubeck, Loskauf, S. 162f).

115 Hengel, Ursprünge, S. 20.

mit ganzer Kraft dieser Aufgabe widmet. Er weiß sich verpflichtet, das Evangelium von Christus den Völkern zu verkündigen, auch wenn er sich nicht als den einzigen oder entscheidenden Missionar gesehen hat.[116] Trotzdem reiste er nicht rastlos von Ort zu Ort, um überall nur kurz an einem Ort zu missionieren.[117] In den neun Jahren seit dem Apostelkonvent im Jahr 48 und der Gefangennahme in Jerusalem im Jahr 57 war er zusammen etwa vier Jahre nur in Korinth und Ephesus. Mehrfach besuchte er auch andere von ihm gegründete Gemeinden. Er hat viel Mühe und Zeit aufgewandt, um die neuen Gemeinden zu konsolidieren. Er hat sich also nicht von einer angespannten Naherwartung dazu bestimmen lassen, in so vielen Orten wie möglich innerhalb kurzer Zeit zu evangelisieren.[118]

5.4 Verherrlichung Gottes

Wenn Menschen durch die missionarische Wirksamkeit zum Glauben an Jesus kommen, führt dies dazu, dass sie Gott für ihre Rettung danken, ihm dienen und ihn loben.[119] So sagt Paulus in 2. Korinther 4,15, dass die Gnade eine zunehmende Zahl von Menschen erreichen und so den Dank zur Ehre Gottes überreich werden lassen soll. Die Heidenchristen freuen sich mit dem Volk Israel und preisen Gott (Röm 15,7-12). Durch seinen Dienst will Paulus die Völker zum Gehorsam bringen, und das bedeutet, dass sie Gott anerkennen, ihm dienen und ihn ehren (Röm 15,18; vgl. 2Kor 9,13). In Römer 15,16 beschreibt er

116 Vgl. dazu Zeller, Theologie, S. 185f.

117 Anders Käsemann, der meinte, man könne sich „kaum dem Eindruck entziehen, dass hier ein Besessener einem Fiebertraum nachjagt“ (Käsemann, Paulus, S. 244). – Häufig war die kurze Dauer der Tätigkeit an einem Ort dadurch begründet, dass Paulus ihn aufgrund von Anfeindungen früh wieder verlassen musste. Für eine „Kurzeinsatz-Taktik“ von Paulus kämen nach Schnabel daher nur Salamis, Paphos, Derbe, Perge und Athen infrage (Schnabel, Mission, S. 1250).

118 Insofern stimme ich Schnabel zu, „dass der ‚eschatologische Faktor‘ nicht die zentrale oder die wichtigste Motivation der urchristlichen Missionsbewegung war“ (Schnabel, Mission, S. 1483); das gilt jedoch nur für den zeitlichen Aspekt. Im Übrigen hat die Erwartung bzw. Hoffnung auf die eschatologische Vollendung auch für die paulinische Mission eine wichtige Rolle gespielt.

119 Vgl. Hahn, Verständnis, S. 85; Zeller, Theologie, S. 186f.

mit kultischen Ausdrücken seinen missionarischen Dienst, bei dem er Gott die Völker darbringt und dies Gottes Wohlgefallen findet. Es ist ein Akt der Hingabe, mit der er dankbar auf Gottes rettendes Handeln antwortet.[120]

Keines der beiden Ziele der Mission, dass Menschen gerettet werden und dass Gott verherrlicht wird, sollte dem anderen übergeordnet werden, sondern sie ergänzen sich gegenseitig. Gottes Liebe sucht die verlorenen Menschen und schenkt ihnen das durch Christus bewirkte Heil. Insofern ist dies Gottes vorrangiges Ziel. Aber dafür danken die Christen ihm und geben ihm die Ehre, weil sie so endlich in der Gemeinschaft mit Gott leben, zu der er sie ursprünglich geschaffen hat. „Der Lobpreis Gottes wird … zu der Gegenwart und Zukunft erfüllenden eigentlichen Tat des Glaubens."[121] So verwirklicht Gott seine Herrschaft über die Welt und richtet sie am Ende sichtbar auf.

6. Ausblick: Aspekte für ein heutiges Missionsverständnis

Weil wir nach der Bedeutung der biblischen Einsichten für ein heutiges Missionsverständnis fragen, möchte ich meinen Aufsatz mit einigen wenigen Impulsen abschließen. Weiter darüber nachzudenken, ist Aufgabe der Missiologie. Dazu sollen auch die weiteren Aufsätze in diesem Band dienen. Dabei ist zu beachten, dass Paulus in der Anfangszeit der Gemeinde als Apostel der Völker einen herausgehobenen Auftrag hatte, der so nicht auf uns zu übertragen ist. Außerdem ist das paulinische Missionsverständnis vom heutigen Verständnis zu unterscheiden, weil die Situation im 21. Jahrhundert eine andere ist als im 1. Jahrhundert. Trotzdem können wir Impulse und Elemente aufnehmen und Maßstäbe gewinnen. Auf drei Aspekte will ich abschließend nur stichwortartig hinweisen.

120 Vgl. Klaus Haacker, Der Brief des Paulus an die Römer, ThHK 6, Leipzig 1999, S. 304f.

121 Stuhlmacher, Interpretation, S. 556.

6.1 Das Evangelium kontextualisieren

Damit die Menschen das Evangelium nicht nur hören, sondern auch verstehen, sind sie als Hörer ernst zu nehmen. Dazu gehört, dass wir sie in ihrer Lebens- und Vorstellungswelt verstehen bzw. dort abholen und ihnen das Evangelium in ihrem Kontext bezeugen. Dafür den Begriff „inkarnatorisch“ zu verwenden,[122] halte ich jedoch für verfehlt, weil dies etwas anderes ist als die Menschwerdung Gottes, die bei der Geburt des Gottessohns geschah und nicht durch seine Wirksamkeit. Wir setzen aber in unserer Sendung nur Jesu Wirksamkeit fort.

Paulus begegnete und bezeugte das Evangelium Juden und Heiden in unterschiedlicher Weise. Er wollte allen alles werden, um möglichst viele zu retten (1Kor 9,19-23). So werden wir beispielsweise Menschen mit anderen Religionen das Evangelium unterschiedlich bezeugen.[123]

Dies gilt auch für die Mission gegenüber Juden. Auch wenn wir als Deutsche ihnen das Evangelium nach Auschwitz wohl nicht ohne Weiteres verkündigen können, bedeutet dies nicht, dass die Christen insgesamt diesen Auftrag nicht mehr hätten.[124]

6.2 Mission im Netzwerk von Mitarbeitern

Paulus war in einzigartiger Weise als Pioniermissionar, aber nicht als Einzelgänger unterwegs. Das Neue Testament zeigt, in welchem Netzwerk zahlreicher Mitarbeiterinnen und Mitarbeiter er seine missi-

122 Stott spricht von einer inkarnierenden Mission und versteht diese als eine Identifizierung mit den Menschen, und zwar dort, wo sie sind, ohne dabei die eigene Identität aufzugeben (Stott, Christus, S. 19f).

123 Die Aeropagrede in Apostelgeschichte 17,22-31 kann zeigen, wie Paulus auf der einen Seite an die Gottesvorstellungen und die Heilssehnsucht der Menschen anknüpft, dann aber auch deutlich macht, dass sie – nachdem die Zeit der Unwissenheit vorüber ist – von ihren Göttern umkehren sollen zu dem allein wahren Gott (Apg 17,31).

124 Vgl. zu den unterschiedlichen Folgerungen aus einer im Wesentlichen übereinstimmenden Exegese: Stuhlmacher, Zeugnisauftrag, S. 287-290; Hahn, Theologie II, S. 656-658; Schnabel, Mission, S. 1524-1527.

onarische Aufgabe wahrgenommen hat. Das scheint mir auch für die Mission heute ein wichtiger Aspekt zu sein, auch wenn ich nicht weiß, wie dies bei Gemeindegründungen im Inland oder der Missionsarbeit im Ausland umzusetzen ist. Die Anstöße gebe ich deshalb gerne an die Verantwortlichen für diese Aufgaben weiter. Bei der Gründung von Tochtergemeinden durch eine Gruppe von Mitgliedern aus bestehenden Gemeinden wird es oft schon umgesetzt.

6.3 Der Auftrag zur Mission erwächst aus dem Evangelium

Das Evangelium ist die Heilsbotschaft von der durch Jesus Christus bewirkten Versöhnung Gottes mit der Welt. Durch die Verkündigung des Evangeliums will Gott diese Versöhnung allen Menschen anbieten (vgl. Röm 1,16f). Er bittet sie, sich mit ihm versöhnen zu lassen und so ewiges Heil zu empfangen. Deshalb erwächst der Auftrag zur Mission aus dem Inhalt des Evangeliums, der Liebe Gottes zu allen Menschen. Hahn sagt daher zu Recht: „Kirche Jesu Christi gibt es nicht ohne Mission. Sie darf der Welt die Botschaft des Heils und des Friedens nicht schuldig bleiben.“[125]

Die *missio Dei* – die Sendung Gottes – geschieht durch die missionarische Ausstrahlung der Gemeinde vor Ort und in ihrer Umgebung, und zwar *durch Wort und Tat*. „Zu allen Zeiten und auf allen Ebenen der urchristlichen Mission gehören Wort- und Lebenszeugnis zusammen.“[126] Und die *missio Dei* geschieht dadurch, dass die Gemeinde Christi Frauen und Männer als Boten des Evangeliums aussendet – in Deutschland und in die Welt.

125 Hahn, Theologie II, S. 655.
126 Stuhlmacher, Weg, S. 133.

Lausanner Bewegung im Spannungsfeld zwischen Evangelisation und sozialer Verantwortung

Erhard Berneburg

1. Die Wiederentdeckung des Wort und Tat umfassenden Missionsauftrages in der evangelikalen Missionstheologie

Eines der bemerkenswertesten Kennzeichen der evangelikalen Evangelisationsbewegung in den letzten 40 Jahren ist die Wiederentdeckung des sozialen Verantwortungsbewusstseins. Waren die Evangelikalen ursprünglich mit einem Evangelisationsverständnis angetreten, das auf die Bekehrung einzelner Menschen ausgerichtet war, so weitete sich das evangelikale Missionsverständnis in den letzten Jahrzehnten auch auf die soziale und politische Sendung der Kirche aus. Mission wurde zum umfassenden Begriff, der Evangelisation und soziales Engagement beinhaltet, oder – wie andere formulierten – Mission müsse das „ganzheitliche Evangelium“ zu den Menschen bringen.[1]

2. Eine neue evangelikale Plattform: Lausanne 1974

Ohne Zweifel war es der Kongress für Weltevangelisation der Lausanner Bewegung im Jahre 1974 (Lausanne I), der dem Bemühen um ein umfassendes Evangelisationsverständnis zum Durchbruch verhalf. Unter der Leitung von Billy Graham und der Mitwirkung bekannter evangelikaler Theologen bekräftigte Lausanne traditionelle evangelikale Standpunkte wie die Autorität der Bibel, die Einzigartigkeit

1 Ausführlicher in der Dissertation: Erhard Berneburg, Das Verhältnis von Verkündigung und sozialer Aktion in der evangelikalen Missionstheorie – unter besonderer Berücksichtigung der Lausanner Bewegung für Weltevangelisation (1974–1989), Wuppertal 1997. Eine Bibliografie zum Thema steht im Internet: www.grz-krelingen.de/Studienzentrum/bibl.zip

Christi und die Notwendigkeit der Evangelisation. Die Abschlusserklärung, die sogenannten „Lausanner Verpflichtung", gilt seither als gültiger Ausdruck evangelikalen Missionsverständnisses.[2]

Lausanne 1974 steht aber nicht nur für Bekräftigung und Konsens evangelikaler Identität, sondern auch für den Durchbruch zu bemerkenswerten Veränderungen im evangelikalen Missionsverständnis. Das wird vor allem daran deutlich, dass sich das Evangelisationsverständnis zu einem umfassenderen Missionsverständnis ausgeweitet hat. Maßgeblich geprägt wurde diese Veränderung durch den englischen Evangelikalen John Stott. Der Zusammenhang von Evangelisation und sozialem Engagement wurde in einer für evangelikale Theologie neuen Weise thematisiert: Die Mission der Kirche habe teil an der missio Dei.

Die Lausanner Verpflichtung von 1974 hat Evangelisation und soziales Engagement nicht miteinander vermischt und hat dem einladenden Ruf zum Glauben an Christus sogar eine gewisse Priorität (§ 6) zugebilligt.

Billy Graham sagte in einer Spitzenformulierung seiner Eröffnungsrede nach seinem Plädoyer für das soziale Engagement:

> „Evangelisation und Rettung von Seelen ist die lebenswichtige Aufgabe der Kirche."

Aber so wie Lausanne I die Vermischung vermieden hat, hat sie auch die Trennung von Evangelisation und sozialem Engagement zutiefst beklagt und dies in dem berühmten § 5 so ausgedrückt:

Die Lausanner Verpflichtung unterscheidet zwar, indem sie sagt:

> „Versöhnung zwischen Menschen ist nicht gleichzeitig Versöhnung mit Gott, soziale Aktion ist nicht Evangelisation, politische Befreiung ist nicht Heil." (§ 5)

2 Alle Welt soll sein Wort hören. Lausanner Kongreß für Weltevangelisation, hg. v. Peter Beyerhaus u. a., Bd. 1 u. 2, Neuhausen 1974; James D. Douglas (Hg.), Let the Earth Hear His Voice. International Congress on World Evangelization Lausanne, Switzerland. Official Reference Volume. Papers and Responses, Minneapolis 1975.

Unüberhörbar wird nun aber bekräftigt,

„dass Evangelisation und soziale wie politische Betätigung gleichermaßen zu unserer Pflicht als Christen gehören." (§ 5)

Als Fortschreibung der Lausanner Verpflichtung beschloss die Lausanne-II-Konferenz in Manila 1989 das sogenannte „Manifest von Manila".[3] Wie schon in der Lausanner Verpflichtung angelegt, trat auch in Manila neben die Heilsverkündigung die soziale Tat:

„Wir bekräftigen, dass die gute Nachricht und gute Werke untrennbar sind." (Manila Manifest II,4)

Lausanne I wird vertieft, und die Zusammengehörigkeit von Evangelisation und sozialem Engagement wird selbstverständlicher, ohne dass der sachliche Vorrang der Evangelisation infrage gestellt wird:

„Die Evangelisation ist vorrangig, weil es uns im Sinn des Evangeliums in erster Linie darum geht, dass alle Menschen Gelegenheit erhalten, Jesus Christus als Herrn und Retter anzunehmen." (Manila Manifest II,4)

Auf dem weiteren Weg der Lausanner Bewegung wird die Frage zum Verhältnis von Evangelisation und sozialer Verantwortung kräftig weiter diskutiert. So haben etwa die entsprechenden Arbeitsgruppen beim Lausanner Forum 2004 in Pattaya für eine Integration von Evangelisation und sozialem Engagement plädiert. Parallele Entwicklungen gehen in dieselbe Richtung:

Missionarische Gemeindeentwicklung arbeitet an Konzepten für eine „missional church".

3 Manfred Marquardt / Ulrich Parzany (Hg.), Evangelisation mit Leidenschaft. Bericht und Impulse vom II. Lausanner Kongress für Weltevangelisation in Manila, Neukirchen-Vluyn 1990; J. D. Douglas (Hg.): Proclaim Christ until He Comes. Calling the Whole Church to Take the Whole Gospel to the Whole World. Lausanne II in Manila. International Congress on World Evangelization 1989, Minneapolis 1990.

Das Micha-Netzwerk bearbeitet diese Themen grundsätzlich theologisch und entwirft sozialpolitische Strategien.

Zahlreiche Dialoge zwischen evangelikaler und ökumenischer Missionstheologie beeinflussen das Thema.

Vielfältige Querverbindungen von der Lausanner Bewegung zur Weltweiten Evangelischen Allianz fördern Themen der Heiligung und des sozialen Engagements.

Aus den Stimmen Einzelner entwickelt sich ein eigener Strom evangelikaler holistischer/integraler Mission, die auf die Transformation sozialer Verhältnisse aus der Kraft des Evangeliums hofft und dafür arbeitet.

Der dritte Internationale Kongress für Weltevangelisation der Lausanner Bewegung (Lausanne III) fand im Oktober 2010 in Kapstadt statt.[4]

Kernüberzeugungen von Lausanne I werden bekräftigt in Bibelarbeiten und Vorträgen. Im Zentrum steht die Liebe zu Jesus. Was Jesus tat, als er kam, litt und auferstand, wird besungen, gefeiert, durchdacht und zum Inhalt wie Maßstab der evangelistischen Verkündigung gemacht.

Von da aus wird ein holistischer bzw. integraler Missionsbegriff entworfen, der das Miteinander von verbaler Bezeugung des Evangeliums und sozialem Zeugnis für Gottes Erbarmen und Gerechtigkeit umfasst. Der Trend bei Chris Wright, dem Chef-Theologen der Kapstadtkonferenz, geht hin zu einem immer stärker holistisch verstandenen Heilsbegriff (anders als bei John Stott). Die Dimensionen integraler Mission werden weit gefasst, etwa im Blick auf ökologische Themen und Globalisierungsproblematiken. Immer wieder wird betont, dass die Mission gekennzeichnet sein müsse von Integrität, Glaubwürdigkeit, Einfachheit, Demut und einem transformierenden Lebensstil.

Die Kapstadtverpflichtung formuliert – nicht dogmatisch, sondern in der „Sprache der Liebe" – die Verpflichtung zur Mission neu:

- die evangelistische Herausforderung, möglichst jedem Menschen den rettenden Glauben an Christus nahezubringen.

4 Birgit Winterhoff / Michael Herbst / Ulf Harder (Hg.), Von Lausanne nach Kapstadt. Der dritte Kongress für Weltevangelisation, Neukirchen-Vluyn 2012.

- die Verpflichtung zum Engagement in der Welt – Impulse aus der Micah-Declaration werden aufgenommen, angefangen beim Bemühen um radikal gehorsame Nachfolge über Zeichen der Liebe und Versöhnung bis zu sozialethischen und sozialen Herausforderungen.

Nach Lausanne I im Jahre 1974 über Lausanne II im Jahre 1989 und Lausanne III im Jahre 2010 bleibt festzustellen, dass sich die evangelikale Weltevangelisationsbewegung der sozialethischen Herausforderung geöffnet hat und dass dieser Prozess kaum mehr umkehrbar erscheint.

3. Die notwendige Klärung des Verhältnisses von Wort und Tat: Grand Rapids 1982

Dass allerdings mit der Konsensformulierung der Lausanner Verpflichtung 1974 die Frage nach dem Verhältnis zwischen Verkündigung und sozialer Aktion keineswegs erledigt war, deutete sich schon während des Lausanner Kongresses an. Hier gab nämlich eine Minderheit, der die Lausanner Verpflichtung im Hinblick auf das sozialpolitische Engagement nicht eindeutig und radikal genug erschien, eine zusätzliche Erklärung „A Response to Lausanne“ heraus. Das Papier wies jeden Versuch als „dämonisch“ zurück, der „eine Kluft zwischen Evangelisation und sozialem Handeln“ zu schaffen versuche.[5] Promotoren dieser frühen Phase waren unter anderem René Padilla und Samuel Escobar.

Auf der anderen Seite standen evangelikale Theologen, die wie Arthur P. Johnston die in der Lausanner Verpflichtung aufgenommene Zweigleisigkeit von Verkündigung und sozialer Aktion kritisierten. Sie befürchteten, dass diese neue Beschreibung des Auftrages der Kirche

5 A Response to Lausanne. The Statement on Radical Discipleship; in: René Padilla / Chris Sugden (Hg.), Texts on evangelical social ethics 1974–1983 (Grove booklet on ethics No. 58), Bramcote, Nottingham 1985, S. 17-22. Ähnlich hatte auch René Padilla (Evangelisation und die Welt; in: Alle Welt soll sein Wort hören, Neuhausen 1974, S. 146ff) in seiner Lausanner Ansprache argumentiert.

das Zeugnis der Kirche abstumpfen lasse und ihr Wachstum behindere. Für sie stand historisch fest, dass die Mission der Gemeinde immer nur Evangelisation war. Das neue Verständnis des Missionsauftrages in der Lausanner Theologie gab Anlass zu ernster Sorge:

> „Der aus Lausanne resultierende Trend scheint eine Synthese mit der ‚holistischen Evangelisation' des ÖRK darzustellen, der die Mission der Kirche in einem weiteren Sinn, als Kombination von Evangelisation und sozialer politischer Aktion, versteht."[6]

Die Diskussion nach Lausanne machte deutlich, dass das Verhältnis zwischen Evangelisation und sozialer Aktion dringend näher bestimmt werden musste. Der Versuch einer Klärung geschah auf der „Consultation on the Relationship between Evangelism and Social Responsibility" 1982 in Grand Rapids auf gemeinsame Einladung der Weltweiten Evangelischen Allianz und des Lausanner Komitees für Weltevangelisation.[7]

Einigkeit bestand in der evangelikalen Bewegung darin,

- dass die ethischen und sozialethischen Aufgaben nicht leichtfertig übergangen werden dürfen – wie es zeitweise in der Vergangenheit der evangelikalen Bewegung der Fall war. Vielmehr gilt es, an die Pionierleistungen christlich-sozialer Verantwortung im Pietismus und in den Erweckungsbewegungen anzuknüpfen.
- dass der Ausgangspunkt für eine evangelikale Sozialethik in der uneingeschränkten Autorität der Heiligen Schrift liegen muss. Man ist

6 Arthur P. Johnston, Umkämpfte Weltmission, Neuhausen 1984, S. 20. Interessanterweise stellt Michael Herbst nach Lausanne III in Kapstadt die fast gleiche Frage: „Sind wir bei der an sich ja erfreulichen Konvergenz zwischen Lausanne 2010 und Genf 2010 dabei, die alten Fehler der ökumenischen Bewegung unsererseits nachzuholen, nur etwas langsamer und zögerlicher, also den Verzicht auf die Gerichtsdimension des Evangeliums, die Ethisierung, den Optimismus hinsichtlich diesseitiger Reformierbarkeit des Einzelnen und der Welt als ganzer?" Herbst, Von Lausanne nach Kapstadt, S. 37f.

7 Vgl. die Würdigung der Konsultation durch Peter Beyerhaus in idea-spektrum (Nr. 27/82, S. 16f) unter dem Titel „Die bestandene Zerreißprobe von Grand Rapids. Konsens zwischen konservativ-evangelikal und radikal-evangelikal". Vollständiger Bericht: Bruce J. Nicholls (Hg.), In Word and Deed. Evangelism and Social Responsibility, Exeter 1985.

sich bewusst, dass das eigene Bibelverständnis durch die kulturelle und gesellschaftliche Situation des Theologen beeinflusst ist, was aber nur noch mehr zum gemeinsamen Hören auf das in der Bibel bezeugte Wort Gottes nötigt.

- dass Soteriologie und Ethik, dass die geistliche Erneuerung des Menschen und die Veränderung der gesellschaftlichen Situation aufs Engste zusammenhängen. Dieser Zusammenhang wird deutlich, wo man wieder begreift, dass Umkehr im Sinne der Predigt Jesu sich nicht nur innerseelisch oder rein in der Gottesbeziehung ereignet, sondern dass sie die konkreten, nächsten zwischenmenschlichen Beziehungen erneuert.
- dass soziale Aktion nicht dasselbe wie Evangelisation ist. Insofern sind bestimmte Aussagen des Ökumenischen Rates der Kirchen zum Missionsverständnis für Evangelikale nicht mitvollziehbar. Positionen wie bei Walter Hollenweger (1973), bei dem sich Evangelisation gleichbedeutend durch Traktate und Traktoren ereignet,[8] sind für die Lausanner Bewegung nicht denkbar.

Die Gleichsetzung von Erlösung mit politischer und wirtschaftlicher Befreiung wurde nach der ökumenischen Vollversammlung in Uppsala 1968 immer beherrschender in der ökumenischen Missionstheologie.[9] Sie wird selbst bei den Evangelikalen keine Zustimmung finden können, die an einem verstärkten sozialen Engagement besonders interessiert sind.

Auf der Grundlage der gemeinsamen evangelikalen Basis werden allerdings verschiedene Relationen zwischen Evangelisation und sozialem Handeln gesehen. In Grand Rapids 1982 werden drei Verhältnisbestimmungen als „gleichermaßen gültige Beziehungen“[10] festgehalten:

8 Walter Hollenweger, Evangelisation gestern und heute, Stuttgart 1973, S. 49.

9 Vgl. die Analyse von Klaus Bockmühl, Was heißt heute Mission? Entscheidungsfragen der neueren Missionstheologie, Gießen/Basel 1974. Vgl. auch die Kritik von Peter Beyerhaus, Humanisierung. Einzige Hoffnung der Welt, Bad Salzuflen 1969, und die Gegenüberstellungen in der „Frankfurter Erklärung zur Grundlagenkrise der Mission“ (zuletzt abgedruckt in: Peter Beyerhaus, Krise und Neuaufbruch der Weltmission. Vorträge, Aufsätze und Dokumente, Bad Liebenzell 1987, S. 3-9).

10 Klaus Bockmühl (Hg.), Verkündigung und soziale Verpflichtung. Eine evangelische Verpflichtung. Gemeinsame Veröffentlichung des Lausanner Komitees für

1. Soziales Handeln als Folge der Evangelisation. Es wird gesagt, dass die Verkündigung das Mittel ist, durch das Gott Menschen zu einer neuen Geburt bringt. Ihr neues Leben manifestiert sich aber besonders im Dienst für andere (Gal 5,6). Dieser Ansatz Arthur P. Johnstons und anderer wird dahin gehend ergänzt, dass mit Titus 2,14 die soziale Verantwortung als ein Hauptziel der Verkündigung zu verstehen ist. Dieses Ziel muss Gegenstand des Lehrauftrages der Kirche sein, da es nicht automatisch Folge der Bekehrung ist.

2. Soziales Handeln als eine Brücke zur Verkündigung. So wie auch Jesus selbst manchmal Werke der Barmherzigkeit tat, bevor er die gute Botschaft vom Reich Gottes verkündigte, so kann auch soziales Handeln Misstrauen und Vorurteile abbauen, geschlossene Türen öffnen und dem Evangelium Gehör verschaffen.

3. Soziales Handeln als Partner der Verkündigung. Diese besonders von John Stott[11] vertretene Verhältnisbestimmung leitet sich vom Wirken Jesu ab, in dem Kerygma und Diakonia gleichwertige Ausdrücke seines Mitgefühls für die Menschen und seiner Herrschaft sind. Die Mission der Kirche beinhaltet beides: die Predigt und den Dienst.[12] Dabei sind beide nicht identisch. Obwohl voneinander verschieden, sind Verkündigung und soziale Verantwortung voll aufeinander bezogen. „Ihre Partnerschaft ist in Wirklichkeit eine Ehe." Auf dem Hintergrund von § 6 der Lausanner Verpflichtung wird der Evangelisation eine gewisse Priorität zugewiesen.

Weltevangelisation und der Evangelischen Welt-Allianz, Gießen/Basel 1983, S. 23ff.

11 John Stott, Gesandt wie Christus. Grundfragen christlicher Mission und Evangelisation, Wuppertal 1976, S. 24.

12 John Stott unternimmt eine Neudefinition des Begriffes „Mission" anhand des Sendungswortes Jesu „Wie mich der Vater gesandt hat, sende ich euch" (Joh 20,21; vgl. Stott, Gesandt wie Christus, S. 18-21). Er sieht darin eine „biblische Synthese" zwischen der traditionellen Auffassung, nach der Mission allein Evangelisation bedeutet, und der oft in ökumenischen Verlautbarungen vertretenen Auffassung, dass Mission als historischer Prozess verstanden wird, der die Gesellschaft erneuert.

Die Konsultation von Grand Rapids war zwar ein wesentlicher Konsens, aber die Diskussion wurde keineswegs endgültig abgeschlossen. Schon die Tatsache, dass man sich nicht auf eine Verhältnisbestimmung festlegen konnte, sondern drei gleichberechtigt nebeneinander stellte, war Grund genug für die Vertreter der jeweiligen Positionen, sich nicht einfach mit dem Kompromiss von Grand Rapids 1982 zufriedenzugeben. Insbesondere die Verhältnisbestimmung als „Partnerschaft" musste präzisiert werden.

4. Ein evangelikales ganzheitliches Missionsverständnis: Wheaton 1983

Ein Jahr nach Grand Rapids fand auf Einladung der Weltweiten Evangelischen Allianz 1983 in Wheaton die „Conference on Nature and Mission of the Church" statt. Man arbeitete in drei separaten Unterkonferenzen, von denen eine unter dem Thema „The Church in Response to Human Need" zusammenkam.[13] Da gerade in diesem Konferenzteil die Teilnehmer der Gesamtkonferenz versammelt waren,[14] denen an einer weitgehenden Integration von Evangelisation und sozialer Verantwortung gelegen war, konnte man in Wheaton 1983 noch weitergehen als in Grand Rapids 1982. So entsteht das erste internationale evangelikale Dokument, das ausdrücklich eine Rede vom Primat der Evangelisation verwirft. Es bekräftigt, dass die Wirklichkeit von persönlicher Sünde und von sozialer Sünde durchdrungen ist, weil das Böse nicht nur im menschlichen Herzen, sondern auch in sozialen Strukturen zu finden sei. Die Mission der Kirche beinhalte deshalb beides: die Proklamation des Evangeliums und auch seine Demonstration. „We must therefore evangelize, respond to immediate human needs, and press for social transformation."[15] René Padilla beurteilt

13 Einzelne Vorträge und die gemeinsame Schlusserklärung „Transformation" sind veröffentlich in: Vinay Samuel / Chris Sugden (Hg.), The Church in Response to Human Need, Grand Rapids 1987.

14 Zu den Teilnehmern gehörten unter anderem Tom Sine, Edward R. Dayton, Miriam Adeney, Vinay Samuel, Christopher Sugden, Tite Tienou, David J. Bosch, Vishal Mangelwadi, Waldron Scott, Robert Moffitt.

15 Samuel/Sugden, The Church, S. 260.

Wheaton 1983 als Vollendung des Prozesses, der ein neues soziales Bewusstsein herausgebildet hat.[16] Der Begriff „transformation" wird zum Schlüsselwort, in dem das Ziel ganzheitlicher Mission zusammengefasst ist: In gleicher Weise ziele Mission auf Bekehrung und soziale Veränderung. Das ganzheitlich verstandene Heil wirke umfassend in allen Lebensbereichen. Damit gab Wheaton 1983 den klassischen evangelikalen Bekehrungsbegriff als Zielpunkt missionarischen Wirkens auf. Als Modell für die Transformation dient das Reich-Gottes-Konzept. Wheaton 1983 hat die Reich-Gottes-Verkündigung zum Ausgangs- und Angelpunkt missionarischen Denkens gemacht. Dabei wird stärker als die futurische Eschatologie die schon realisierte Gottesherrschaft betont. Zu den Aufgaben der Kirche gehöre es, die Welt so weit wie möglich zu vervollkommnen, bis Jesus Christus einmal wiederkommt. Mission geschehe in Wort und Tat gleichermaßen. Die Sendung der Kirche solle sich nicht auf die Verkündigung des Heils beschränken, das die Menschen aus der Verlorenheit rettet, sondern gleichberechtigt die Auswirkungen des Heils in den sozialen Beziehungen demonstrieren. Der Rechtfertigung des Menschen durch Gottes Gnade soll in gleicher Weise der menschliche Einsatz für mehr Gerechtigkeit zur Seite stehen.

5. Theologische Brennpunkte für die biblische Klärung eines ganzheitlichen Missionsverständnisses

Wesentliche Fragen scheinen mir noch offen bzw. müssen immer wieder neu diskutiert werden, insbesondere in welchem Verhältnis Evangelisation und soziales Handeln in einer ganzheitlichen Missionstheorie zueinander stehen.

- Als eine der wichtigsten Fragen bleibt das Verständnis der Hoffnung auf die Wiederkunft Christi offen. Wie verhält sich das, was Christen schon innerhalb der jetzigen Weltzeit erreichen können, zu dem,

16 C. René Padilla, Evangelism and Social Responsibility: From Wheaton '66 to Wheaton '83; in: Transformation, Vol. 2. No.3, Juli/Sept.1985, S. 26-33.

was erst der wiederkommende Herr bringen wird, um das Reich Gottes in Vollkommenheit aufzurichten? Weil es offensichtlich in dieser Frage noch keine Einigung gegeben hat, wird von der eschatologischen Hoffnung oft sehr formelhaft und vage gesprochen. Die großen Spannungen zwischen evangelikalen Prämillennialisten und Postmillennialisten machen es äußerst schwierig, eine evangelikale Eschatologie auszuformulieren. Offen bleibt deswegen die kosmologische Frage: Wird die Welt am Ende der Zeit erneuert werden, oder wird sie unter dem apokalyptischen Regiment des Antichristen am Ende von Gott gerichtet untergehen? Die Tendenz in der Lausanner Bewegung geht zurzeit dahin, dass die Spannung zwischen dem „Schon" und „Noch-Nicht" nicht als ein Entweder-oder gesehen wird, sondern unter der Perspektive des mit Christus bereits gekommenen Reiches Gottes als ein Sowohl-als-auch. So wehrt zum Beispiel Peter Kuzmic[17] eine apokalyptische Weltsicht ab. Als Gegengewicht zu den Aussagen aus 2. Petrus 3,10 macht er Offenbarung 21,24 geltend, um die Kontinuität von Gegenwart und Zukunft zu beschreiben. Daraus resultiert logischerweise für die Sozialethik, dass unser Einsatz schon in dieser Zeit einer besseren Welt und wahrer Gerechtigkeit zu gelten habe, da dieses Wahre und Gute eines Tages seine Vollendung erfahren wird. Damit wird allerdings auch der hamartialogische Aspekt der Eschatologie aufgeworfen: Ist diese optimistische Sicht für eine Weltverbesserung hinreichend begründet angesichts der biblischen Aussagen über die zerstörende Wirkung der Sünde und angesichts der biblischen Erwartung, dass sich satanische Mächte am Ende der Zeiten zusammenballen?

- Die Notwendigkeit einer heilsgeschichtlichen Sicht erweist sich auch in der biblischen Begründung der sozialen Aktion, bei der oft nicht das fortschreitende Handeln Gottes vom Alten zum Neuen Bund berücksichtigt wird. Israel, das auch als nationale Größe Gottes Erwählte war, findet in der Kirche eine geistliche Entsprechung, nicht aber als Nation oder Institution. Vorsicht ist deshalb geboten,

17 Peter Kuzmic, History and Eschatology. Evangelical Views; in: Bruce Nicholls (Hg.), In Word and Deed. Evangelism and Social Responsibility, Exeter 1985, S. 135-164.

die prophetische Sozialkritik des Alten Testaments unmittelbar auf die Gemeinde Jesu im Neuen Bund zu übertragen.

- Soziale Tat ist Teil der Mission, aber auch Frucht der Mission, das heißt, sie setzt auch Mission voraus. Also wird sich – auch gerade wenn man Mission als umfassend denkt – die Frage nach dem sachlichen Vorrang der Verkündigung sehr dringlich stellen. Die Aussage, dass sowohl Verkündigung als auch soziale Aktion zur ganzheitlichen Mission der Kirche gehört, schafft noch keine Klarheit. Welche Bedeutung hat Bekehrung, bei der das Heil empfangen wird, wenn nicht mehr deutlich unterschieden wird zwischen zum Heil rufender Verkündigung und den Konsequenzen, die aus dem Empfangen des Heils erwachsen?
- Alles, was mit dem Stichwort „sozial" gemeint ist, muss dringend präzisiert werden, damit tatsächlich gehandelt werden kann und das neu gewonnene Verantwortungsbewusstsein nicht nur eine moralische Forderung bleibt. Wie verhalten sich individuell-diakonische Aktionen zu gesellschaftlich-transformierenden? Welche Formen sollen und dürfen gebraucht werden (zum Beispiel in der Frage nach politischer Machtausübung oder nach der Gewaltanwendung)? Wer ist zum Dienst aufgerufen: der einzelne Christ, die Ortsgemeinde, die Kirche als Ganze, die Politik in christlicher Verantwortung?

  Diakonischer Dienst gehörte schon immer unumstritten zum Auftrag der christlichen Gemeinde. In diesem Bereich hat sie viele Formen und Wege zum helfenden Dienst entwickelt. Wie die Kirche ihre Verantwortung im Staat wahrnehmen kann, wird sehr von der Situation der Kirche abhängen, ob sie als unterdrückte Kirche in einer nicht christlichen Gesellschaft existiert, ob sie als Freikirche in einer demokratischen Gesellschaft ihre Anliegen vorbringen kann oder ob sie als Volkskirche sogar grundlegend für ein Staatswesen ist.
- Letztlich bleibt zu fragen, ob die evangelikale Missionstheorie gut beraten ist, wenn sie nach einer theologischen Begründung sucht, wie die soziale Verantwortung in den Missionsbegriff aufgenommen werden kann, und dabei auf eine „Theologie von der Gerechtigkeit des Reiches Christi" zurückgreift. Manche Unschärfen in der Begründung evangelikaler Sozialethik und ihrer Zuordnung

zur Evangelisation scheinen hier ihre Ursache zu haben.[18] Klaus Bockmühl hatte schon nach Lausanne 1974 gefragt, ob die Sozialethik nicht vielmehr in reformatorischer Unterscheidung der Zwei-Reiche in der Gnade Gottes, die die Schöpfung erhält, begründet werden müsste.[19]

6. Das relative Recht für eine ganzheitliche Mission

Im würdigenden und kritischen Rückblick auf die ersten zehn Jahre der Lausanner Bewegung gibt der Missionstheologe und Mitbegründer der Lausanner Bewegung Peter Beyerhaus zu bedenken:

> „Das Programm, den Menschen ein ‚holistisches Evangelium' zu bringen, enthält ebenfalls Wahrheitselemente und Versuchungen zu gleicher Zeit. Seine Wahrheit ist die, daß Jesus in der Tat durch Worte und durch Taten wirkte, die sich an Leib und Seele des Menschen wandten. Aber es ist irreführend, diese beiden Dimensionen als gleichrangig zu betrachten. Wenn dies dann auch noch zu der Überzeugung führt, daß unter bestimmten Umständen sozial-politischer Einsatz ein erlösendes Handeln sei, das zur Zeit wichtiger sei als die Vergebung der Sünden, dann ist die Katastrophe da. Denn auf diesem Wege sind wir schließlich doch wieder – entgegen unseren ursprünglichen Absichten – bei einem neuen Social Gospel gelandet. Das biblische Verständnis von Heil wäre verdunkelt und ginge wieder verloren – wie bei der ökumenischen Missionskonferenz in Bangkok."[20]

Zu den „Wahrheitsmomenten" eines umfassenden Missionsverständnisses gehören zweifellos,

18 Eckhard J. Schnabel, Das Reich Gottes als Wirklichkeit und Hoffnung. Neuere Entwicklungen in der evangelikalen Theologie, Wuppertal/Zürich 1993.

19 Klaus Bockmühl, Evangelikale Sozialethik. Der Artikel 5 der Lausanner Verpflichtung, Gießen/Basel 1975, S. 47f. Vgl. auch Klaus Bockmühl, Verkündigung und soziale Verantwortung. Eine evangelische Verpflichtung, Gießen/Basel 1983, S. 7f.

20 Peter Beyerhaus, Zehn Jahre Lausanner Bewegung – und wie geht es weiter?; in: Peter Beyerhaus, Krise und Neuaufbruch der Weltmission, Bad Liebenzell 1987 (Erstveröffentlichung 1984), S. 246.

1. dass es in der Mission nicht allein um die geistlichen Aspekte des Lebens geht. Evangelisation ist immer Proklamation der Herrschaft Christi. Diese Herrschaft ist zunächst zwar eine geistliche Wirklichkeit, die das Leben eines Menschen aus der geistlichen Verlorenheit errettet. Diese Wirklichkeit beansprucht aber alle Lebensbereiche, nicht nur die persönliche Lebensführung, sondern auch die sozialen Beziehungen unter der Herrschaft Christi neu zu ordnen. Die Heilserfahrung in der Bekehrung wird daher nicht nur in der individuellen Mikroethik Gestalt gewinnen, sondern Veränderung aller Lebensbezüge ergeben.

John Stott hat diesen umfassenden Ansatz zu seinem Anliegen gemacht:

> „Gott ist an beiden Bereichen interessiert, an unserm Körper und an unserer Gesellschaft. Eines Tages werden beide, Leib und Gesellschaft, erlöst werden; wir werden einen neuen Leib erhalten und in einer neuen Gesellschaft leben ... In der Zwischenzeit drängt uns die Liebe, in beiden Bereichen zu arbeiten, indem wir uns für körperliche Gesundheit einsetzen und indem wir versuchen, eine radikal andere soziale Ordnung zu schaffen, die den Menschen Freiheit, Würde, Gerechtigkeit und Frieden bringt."[21]

2. dass sich die Mission nicht allein an das Individuum richtet. Ohne Frage richtet sich die Verkündigung an individuelle Personen. Auf die Einladung zur persönlichen Beziehung mit dem lebendigen Christus kann nur der einzelne Mensch reagieren, indem er persönlich die Vergebung in Anspruch nimmt und sich in die Nachfolge rufen lässt. Von daher verbietet sich die Redeweise, dass ganze Gesellschaften und Völker Buße tun und umkehren sollten. Soziale Körperschaften können nicht zum Glauben kommen – nur Individuen ist das möglich. Insofern kann nicht von gesellschaftlichen Veränderungen im eigentlichen Sinn als Mission geredet werden.

Andererseits gilt es hier festzuhalten, dass das Evangelium nie individualistisch ist. Die evangelikale Missionsbewegung erkennt

21 Stott, Gesandt wie Christus, S. 100. Unmissverständlich bringt Stott aber im selben Zusammenhang zum Ausdruck, dass der Einsatz für Gerechtigkeit, Freiheit und Frieden nicht das Heil ist, das Gott den Menschen in Christus anbietet.

zunehmend, dass die individualistische Einschränkung des Evangeliums unbiblisch begrenzt wird. Konnte D. L. Moody noch Sünde als rein persönliche Angelegenheit betrachten und Heil als Rettung einzelner Seelen, so wird heute mit Recht betont, dass das Individuum immer zugleich soziales Wesen ist. Wenn sich ein Individuum bekehrt, sind auch immer seine Sozialbeziehungen betroffen.

3. dass die Mission durch einen inneren Zusammenhang von Zeugnis und Dienst bestimmt ist. Mission bringt nicht nur ewiges Heil und Segen für einzelne Menschen, sondern ruft die Bekehrten zugleich in die aktive Jüngerschaft, in eine Nachfolge, die durch den Dienst für den anderen geprägt ist. Gottes Wille ist nicht allein die Rettung aus der Verdammnis und die Erlösung für das ewige Leben, sondern dass im Gläubigen – und durch seinen Dienst in der ihn umgebenden Gesellschaft – die Fülle Christi wiederhergestellt wird. Das Bild Gottes soll im Leben und in den Beziehungen wieder sichtbar werden.

In diesem Sinn spricht die Lausanner Verpflichtung im § 4 von der Nachfolge:

> „Wer die Einladung des Evangeliums ausspricht, darf nicht verschweigen, daß Nachfolge etwas kostet. Jesus ruft alle, die ihm nachfolgen möchten, auf, sich selbst zu verleugnen, ihr Kreuz auf sich zu nehmen und sich mit seiner neuen Gemeinschaft zu identifizieren."

Ziel der Mission bleibt die Bekehrung, die aber eine radikale Veränderung der Lebensweise beinhaltet. Sie bringt den Bekehrten in mindestens drei neue und bewusste Beziehungen: zu Christus, zur Gemeinde und zur Welt.

7. Probleme des ganzheitlichen Missionsverständnisses

Neben den Wahrheitsmomenten ist nun aber auch auf die problematischen Aspekte des ganzheitlichen Missionsansatzes – insbesondere im Blick auf das biblische Heilsverständnis – hinzuweisen. Diese Gefährdung hat die Lausanner Bewegung in dem schon zitierten § 5 der Lausanner Verpflichtung benannt: „Versöhnung zwischen Menschen ist nicht gleichzeitig Versöhnung mit Gott, soziale Aktion ist nicht Evangelisation, politische Befreiung ist nicht Heil."

Diese Unterscheidungen müssen nicht nur in der Auseinandersetzung mit dem humanisierenden Missionsverständnis des Ökumenischen Rates der Kirchen beachtet werden, sondern sie müssen auch zur Klärung innerhalb der evangelikalen Bewegung dienen. Angesichts der evangelikalen holistischen Ansätze wird es immer notwendiger, dass man sich auf den biblischen Gehalt des in Christus geschehenen Heils besinnt und auf die Bedeutung, wenn Menschen dieses Heil angenommen haben. Folgende soteriologische Inhalte werden im Zentrum evangelikaler Missionstheorie und -praxis bleiben müssen:

1. Heil ist Rechtfertigung, Befreiung, Rettung aus dem gerechten Gericht Gottes über die Sünde. Alle, die in Christus sind, sind *sesōsmenoi* (δεσῳσμένοι, Eph 2,8f), diejenigen, die errettet worden sind, und sie sind auch *dikaiōthentes* (δικαιωθέντες, Röm 5,1), diejenigen, die gerechtfertigt worden sind. Und Römer 10,10 setzt beide Begriffe gleich (*dikaiosynē* und *sōteria* – δκιαιοσύνη und σωτηρία – Gerechtigkeit und Rettung/Heil), denn „wenn man von Herzen glaubt, so wird man gerecht; und wenn man mit dem Munde bekennt, so wird man gerettet". Diese Rechtfertigung ist allein durch das Sühnopfer Christi möglich geworden (Röm 3,24-26). Nur deshalb gibt es „keine Verdammung für diejenigen, die in Christus Jesus sind", weil Gott seinen Sohn „in einer Gestalt, die dem sündlichen Fleisch ähnlich war, und um der Sünde willen" gesandt hat; und er „verurteilte die Sünde im Fleisch", das bedeutet in dem Fleisch, in dem Jesus gekommen ist (Röm 8,1-3).

2. Heil ist nicht nur forensisch, sondern auch effektiv, nicht nur Gerechtsprechung, sondern zugleich gegenwärtiges Geschehen: Heiligung, das ist die allmähliche Umwandlung des Glaubenden durch den Geist Christi in das Bild Christi „von Herrlichkeit zu Herrlichkeit" (2Kor 3,18), bis er am Ende vollkommen in das Bild des Sohnes umgestaltet sein wird (Röm 8,29; 1Joh 3,2).

Jesus Christus, nach dessen Bild die Verwandlung geschieht, ist der „zweite Mensch“ (Röm 5; 1Kor 15), der Pionier der neuen Menschheit; darum hat auch der Glaubende Anteil an dieser neuen Menschheit (Eph 4,24; Kol 3,10). Christsein bedeutet insofern auch Menschwerden. Denn nichts entmenschlicht mehr als Rebellion gegen Gott, und nichts fördert Menschlichkeit wirksamer als Versöhnung und Gemeinschaft mit Gott. Errettung schließt Menschlichkeit ein, aber es gilt nicht umgekehrt, dass Humanisierung dem Heil gleichzusetzen wäre.

3. Wenn die evangelikale Missionsbewegung vermeiden will, dass ein spiritualisiertes und individualistisches Heilsverständnis zu eng gedacht wird, so darf sie die soteriologische Mitte des biblischen Missionsverständnisses nicht aufgeben bei ihrem Versuch, die Ganzheitlichkeit des Menschen und des Evangeliums zu definieren. Das umfassende Heilsverständnis eines holistischen Missionsverständnisses steht in der Gefahr, den soteriologischen Gehalt des Evangeliums zu verlieren. Mission hat zuallererst die Rechtfertigung aus Glauben, die im Versöhnungshandeln Christi begründet ist, zu bringen. Diese Botschaft richtet sich an den Einzelnen, ruft ihn zur gläubigen Annahme der objektiv vorhandenen Rechtfertigung. Tritt der auferstandene Herr die Herrschaft im Leben eines Einzelnen an, so wird sein gesamtes Leben verändert. Diese Erneuerung betrifft nicht nur das geistliche Leben, sondern alle Lebensbezüge unter der Herrschaft Christi, selbstverständlich auch die sozialen Relationen. Heil als Errettung aus Sünde und Tod wird in der Mission niemals „billige Gnade“ werden dürfen, sondern sie muss die Kosten einer radikalen Jüngerschaft einschließen. Aber die Heiligung darf nicht mit der Rechtfertigung gleichgesetzt werden, ebenso nicht der menschliche Einsatz für Gerechtigkeit mit dem einzigartigen Heilswerk Christi. Das soziale Engagement resultiert notwendigerweise aus der erfahrenen Rechtfertigung, aber es ist niemals dem allein durch Gott gewirkten Heil gleichzusetzen.

4. Die Forderung nach einer „ganzheitlichen Mission“ kann insofern sehr irreführend sein, wenn damit das Heil – selbst wenn der indivi-

duelle Aspekt noch eingeschlossen bleibt – mit der Transformation sozialer Beziehungen gleichgesetzt wird. Die evangelikale Missionsbewegung steht in akuter Gefahr, durch eine unpräzise Rede von der Ganzheitlichkeit die soteriologische Begründung und den soteriologischen Inhalt des Evangeliums aufzugeben und stattdessen das sozialpolitische Engagement in den Vordergrund zu rücken. Dies ereignet sich bei den Missionstheologen programmatisch, die die evangelistische Verkündigung und soziale Aktion gleichsetzen.

8. Die Zentralität der Heilsverkündigung

Das ganzheitliche Missionsverständnis würde der biblischen Ausrichtung nicht entsprechen, wenn die soziale Tat neben die Verkündigung hinzutreten würde als etwas Selbstständiges und mit eigener Zielsetzung. Vielmehr müsste ein integriertes Missionsverständnis von der Basis ausgehen, dass Gottes rettende Liebe dem Heil des ganzen Menschen gilt. Ziel der Liebe Gottes ist, die Gemeinschaft des sündigen Menschen mit Gott wiederherzustellen (2Kor 5,19-21). Die umwandelnde Kraft dieser Retterliebe Gottes wird und muss dann in der Existenz der Glaubenden Ausdruck finden. Genauso zeigt sie sich, wenn die Glaubenden sich gehorsam bemühen, bessere soziale Strukturen zu gestalten.

Als problematisch hat sich der Versuch herausgestellt, einen umfassenden Heilsbegriff vorauszusetzen, damit die spirituelle Verengung überwunden wird. So haben vor allem Vinay Samuel, Chris Sugden und Orlando Costas immer wieder auf den seit Hoekendijk in der ökumenischen Missionstheologie verwendeten Schalom-Begriff zurückgegriffen. Tatsächlich trägt der alttestamentliche Schalom-Begriff auch diesseitige Züge, wie sich Befreiung und Gerechtigkeit entfalten können. Es gilt aber dabei heilsgeschichtlich zu beachten, dass dies an ein intaktes Bundesverhältnis im erwählten Gottesvolk geknüpft war und so nicht ohne Weiteres in die Gegenwart übertragen werden kann. Schon für Israel macht der permanent gebrochene Alte Bund die diesseitige Heilserfüllung unmöglich. Der Schalom wird deswegen bereits im Alten Testament eschatologisiert und findet seinen vorläufigen

Zielpunkt in der Erlösungstat des Gottesknechtes (Jes 53). Die neutestamentliche Soteria-Botschaft knüpft zwar an die Schalom-Erwartung an, aber sie konzentriert sich zunächst auf den soteriologischen Kern der Sündenvergebung.

Deswegen sollte auch in einem ganzheitlichen Missionsverständnis diese soteriologische Konzentration im Mittelpunkt des missionarischen Handelns stehen. Wenn sich die Evangelikalen um eine ganzheitliche Mission bemühen und dabei von dieser Zentralität des soteriologischen Auftrages ausgehen, dürfte auch die Vexierfrage nach der Priorität überwunden werden können.

In der soteriologischen Konzentration ist eine Unterscheidung notwendig: Auf der einen Seite steht die Heilsbegründung, die sich durch die einmalige Erlösungstat Christi ergibt. Auf der anderen Seite stehen die Heilszueignung in dem jeweiligen Zuspruch des Evangeliums und der glaubende Mensch, der diese Erlösungstat für sich persönlich annimmt. Nach biblischem Verständnis wird das dem Sünder angebotene Heil erst in seiner Buße und im Glauben für ihn rettend wirksam (Röm 10,10). Darum entspricht dem „ein für alle Mal" (Hebr 7,27; 9,12; 10,10) der geschichtlichen Heilstat Gottes am Kreuz das gegenwärtige „Jetzt ist die Zeit der Gnade, siehe, jetzt ist der Tag des Heils!" (2Kor 6,1-2). Auch ein ganzheitliches Missionsverständnis wird daher seinen Zielpunkt in der Bekehrung haben müssen.

In einem holistischen Missionsansatz gilt es, erneut das Programm des Apostels Paulus zu beachten: „Wir predigen nicht uns selbst, sondern den Gekreuzigten" (1Kor 2). Allein im Gekreuzigten liegt das Heil, das Mission der Welt zu bringen hat. An Christi statt richtet sie die Botschaft von der Versöhnungstat Gottes in Christus aus und lädt zur Versöhnung ein (2Kor 5,18ff). Dieses Heil wird nicht von den Boten geschaffen – weder in einer Rechtfertigung durch Werke noch im Einsatz für eine gerechte Weltordnung –, sondern es wird als in Christus geschehenes Heil empfangen. Im soteriologischen Vorrang und in der Einzigartigkeit und Endgültigkeit des in Christus gegebenen Heils liegt der biblische Grund, warum man von der Zentralität der Wortverkündigung gegenüber anderen Formen des Zeugnisses reden sollte. Ich ziehe hier die Redeweise von der „Zentralität" der herkömmlichen, missverständlichen von der „Priorität" vor.

Es ist vor allem das Wort, das auf die Heilstatsache in Christus verweist. Die Warnungen gegen den Verbalismus reiner Wortpredigt sind zwar zu beachten, und doch ist die Wortverkündigung im missionarischen Zeugnis zentral. Die Tat der christlichen Liebe ist zur Glaubwürdigkeit des Wortzeugnisses nötig. Sie kann Hinweis auf die rettende Liebe Gottes sein, die das Heil des ganzen Menschen will, das heißt seine wiederhergestellte Gemeinschaft mit Gott. Aber die Tat der Liebe ist auf das Wort angewiesen. Der beglaubigende Dienst gründet sich auf dem Gehorsam gegenüber dem Ruf in die Nachfolge und er möchte die missionarische Wortverkündigung beglaubigen. Wortverkündigung und Annahme des Heils sind Voraussetzung für die soziale Verantwortung.

9. Schluss

So bleibt als Zwischenbericht festzuhalten, dass in der evangelikalen Bewegung ein pietistisches Missionsverständnis endgültig der Vergangenheit angehört. Die evangelikalen Christen wollen unter dem Zuspruch und Anspruch Jesu Christi ihre Verantwortung durch vermehrte Evangelisation, aber auch durch verstärkten sozialen Einsatz wahrnehmen. Sie wollen als Christen unterwegs sein zu erwecklicher Predigt und ganzheitlicher Nachfolge. Diese Ganzheitlichkeit in der Evangelisation wird aber auf der Grundlage der Heiligen Schrift als verbindlicher Norm weiter präzisiert werden müssen. Nur so wird es gelingen, Jesu Namen zu verherrlichen – in Evangelisation und Wahrnehmung der Weltverantwortung:

> „Im Wort, im Werk und allem Wesen sei Jesus und sonst nichts zu lesen.“ (Gerhard Tersteegen)

Von der Herrlichkeit und Verborgenheit Gottes

Zur Bedeutung der Trinitätslehre für eine Missionstheologie im Kontext religiöser Pluralität

Henning Wrogemann

Seit etwa 20 Jahren wird dem Thema Mission in kirchlichen Kontexten Deutschlands und Europas wieder größere Aufmerksamkeit zuteil. Viele Kirchen leiden an stetigem Mitgliederverlust, die religiöse Pluralität in der Gesellschaft nimmt zu, christliche Gemeinden mit Migrationshintergrund bereichern das Bild christlicher Präsenz. Mögen Mainline Churches in Europa auch abnehmen, so gilt doch, dass global betrachtet das Christentum weiterhin eine ausgesprochen vitale und missionarische Religionsformation ist.[1] Für Europa wie für alle anderen Kontinente jedoch gilt, dass ein großes Thema des 21. Jahrhunderts die Frage nach der Wertschätzung kultureller und religiöser Pluralität sein wird. Daran schließt sich auch die Frage an, wie sich der missionarische Auftrag von Christen und Kirchen weltweit zu dieser Pluralität verhält. Es wird zu zeigen sein, dass insbesondere trinitätstheologische Begründungsmuster einen wichtigen Beitrag leisten müssen, wenn es um eine zeitgemäße Theologie der Mission im Kontext kultureller und religiöser Pluralität geht.[2]

1 Henning Wrogemann, Missionstheologien der Gegenwart. Globale Entwicklungen, kontextuelle Profile und ökumenische Herausforderungen, Gütersloh 2013.

2 Zu trinitätstheologischen Ansätzen und Themenfeldern vgl. etwa: Michael Welker / Miroslav Volf (Hg.), Der lebendige Gott als Trinität. Jürgen Moltmann zum 80. Geburtstag, Gütersloh 2006; Bert Groen / Benedikt Kranemann (Hg.), Liturgie und Trinität, Freiburg u. a. 2008.

1. Zur Vielfalt christlicher Missionsbegründungen

In der Geschichte des Christentums sind zu verschiedenen Zeiten völlig unterschiedliche Motive für missionarisches Wirken leitend gewesen. So war etwa im Frühmittelalter in der Arbeit der iro-schottischen Mönche der Gedanke der *Pilgerschaft* zentral. Pilger wanderten durch die Welt und begründeten an abgelegenen Orten neue Klöster, die zu Zentren der Mission wurden. Dass für die christliche Sendung ausdrücklich auf den sogenannten *Missionsbefehl* in Matthäus 28,18-20 verwiesen wurde, ist missionsgeschichtlich betrachtet ein eher jüngeres Phänomen. Für das 19. Jahrhundert als das „Große Jahrhundert der (protestantischen) Mission“ (K. Latourette) ist bezeichnend, dass verschiedene Begründungen der Mission herangezogen wurden. So listet etwa Gustav Warneck, Vater der deutschen Missionswissenschaft, nicht weniger als fünf Punkte auf: Mission sei erstens neutestamentlich begründet (dogmatisch), sie ergebe sich zweitens aus der ethischen Universalität des Evangeliums (ethisch), drittens aus dem Völker übergreifenden Charakter der Kirche (ekklesiologisch), viertens aus der göttlichen Vorhersehung der Weltgeschichte (providentiell) und fünftens aus der feststellbaren Heilssehnsucht der Völker (ethnisch).[3] Andere argumentierten demgegenüber mit der Überlegenheit der *christlichen Zivilisation*, eine Sicht, die in gefährlicher Nähe zu westlichen Kolonialbegründungen zu stehen kam.

Nach den beiden Weltkriegen wurde indes nach einer anderen und tieferen Begründung der christlichen Mission gefragt, denn der mehrheitlich christliche Westen hatte sich gründlich diskreditiert. Das kulturell-religiöse Wiedererwachen in Ländern Afrikas und Asiens stellte den christlichen Sendungsanspruch ebenso infrage wie die kämpferisch-säkularistischen Ideologien. Seit der Weltmissionskonferenz von Willingen im Jahre 1952 wurde ökumenisch von der *missio Dei*, der Mission Gottes, als der einzigen wirklich tragfähigen Missionsbegründung gesprochen: Weil Gott seinem Wesen nach ein missionarischer Gott ist, ist es damit auch die Gemeinde und Kirche,

3 Gustav Warneck, Evangelische Missionslehre, Bd. I, Teilband 1, Gotha 1892, S. 91-295. Vgl. Wrogemann, Missionstheologien der Gegenwart, S. 48-58.

deren Wesen im Handeln dieses Gottes begründet ist und von ihm her ihre Ausrichtung erhält.[4] So wie der Vater den Sohn in der Kraft des Geistes sendet und damit in die Welt hineinwirkt, was systematisch-theologisch als (heils-)*ökonomische Trinität* bezeichnet wurde, so ist Gott in sich selbst, was durch den Begriff der *immanenten Trinität* ausgedrückt wurde. Dahinter steht der Gedanke, dass, wenn Gott sich selbst offenbart, er sich nach außen nicht anders offenbart, als er in seinem Inneren von Ewigkeit her ist. Gott kann sich nicht selbst widersprechen. Gott ist demnach von Ewigkeit her in sich selbst ein missionarischer Gott, denn sein innerstes Wesen ist die Liebe, die nicht bei sich selbst bleibt, sondern dazu drängt, über sich auf das andere hin hinauszugehen.

Damit haben seit den 1950er-Jahren trinitätstheologische Missionsbegründungen eine so vorher nie da gewesene Bedeutung und Breitenwirkung erlangt. Man findet sie in protestantischen Entwürfen, innerhalb der Arbeit des Ökumenischen Rates der Kirchen (ÖRK), in den Konzilstexten des II. Vatikanums der Römisch-katholischen Kirche und natürlich besonders in Erklärungen der Orthodoxen Kirchen.[5] Indes konnte die trinitätstheologische Diktion dabei sehr unterschiedlich ausfallen.

2. Trinitätstheologische Missionstheologie und die Vielfalt der Religionen

Im Folgenden seien aus der Fülle der verschiedenen Verhältnisbestimmungen idealtypisch nur drei Modelle herausgegriffen, und zwar die missionstheologische Deutung der Trinitätslehre erstens als *apologetische Abgrenzungstheorie,* zweitens als *religionstheologische Basistheorie* und drittens als *missionstheologische Unterscheidungstheorie*.

4 Quellentexte zu Willingen (1952) in: Hans Jochen Margull (Hg.), Zur Sendung der Kirche, München 1963, S. 95-107.

5 Als Übersicht: Wrogemann, Missionstheologien der Gegenwart, S. 173-211. Zum Missionsverständnis des II. Vatikanums vgl. auch: Giancarlo Collet, Das Missionsverständnis der Kirche in der gegenwärtigen Diskussion, Mainz 1984, S. 107-117; Arnd Bünker, Missionarisch Kirche sein? Eine missionswissenschaftliche Analyse von Konzepten zur Sendung der Kirche in Deutschland, Münster 2004, S. 125-142.

2.1 Apologetische Abgrenzungstheorien

Manche theologischen Entwürfe begründen die christliche Mission, indem sie die Trinitätslehre als *apologetische Abgrenzungstheorie* gegen andere Religionstraditionen in Anschlag bringen, so etwa in den 1960er-Jahren der deutsche Systematiker Hermann Diem.[6] Mission soll das christlich-trinitarische Gottesbild in Auseinandersetzung mit dem Islam einerseits und Hindutraditionen andererseits zur Geltung bringen. Die missionarische Verkündigung wird damit in einem trinitätstheologischen Koordinatensystem verortet. Selbst wenn man die Ansicht teilt, dass dogmatisches Unterscheidungsvermögen unabdingbar gerade für den Bereich interreligiöser Beziehungen ist, so wird man meines Erachtens jedoch zögern, die mit der Trinitätslehre verbundenen Deutungspotenziale auf diese Funktion einzuengen. Völlig anders argumentieren seit den 1980er-Jahren etwa Theologen wie *Mark Heim* aus den USA oder der deutsche vergleichende Theologe und Religionswissenschaftler *Michael von Brück*. Bei beiden wird die Trinitätslehre zu so etwas wie einer religionstheologischen Basistheorie erhoben, wenn auch jeweils in sehr unterschiedlicher Diktion.

2.2 Religionstheologische Basistheorien

Bei Mark Heim ebenso wie bei Michael von Brück wird der Gedanke der göttlichen *Perichorese* hervorgehoben, der Gedanke also, dass die göttlichen Personen von Vater, Sohn und Heiligem Geist einander *gegenseitig durchdringen*. Damit ist gemeint, dass jede Person das, was sie ist, nur in Beziehung zu den jeweils anderen Personen ist. Bei der Schöpfung, der Versöhnung und der Erlösung sind jeweils alle drei Personen beteiligt, denn Gott ist einer. Gleichzeitig aber wird jedes Handeln einer der Personen in besonderer Weise zugeordnet (appropriiert). So wird die Schöpfung besonders dem Vater zugeordnet, aber

6 Hermann Diem, Der Ort der Mission in der Systematischen Theologie; in: ThLZ 91, 1966, S. 161-172. Vgl. Henning Wrogemann, Mission und Religion in der Systematischen Theologie der Gegenwart. Das Missionsverständnis deutschsprachiger protestantischer Dogmatiker im 20. Jahrhundert, Göttingen 1997, S. 142-143.

nicht ausschließlich, denn Jesus Christus ist als Schöpfungsmittler daran beteiligt und ebenso der Geist Gottes. Die Versöhnung wird besonders (aber wiederum nicht nur) dem Sohn zugeordnet und die Erlösung und Vollendung besonders (aber nicht nur) dem Heiligen Geist.

Mark Heim argumentiert, dass der dreieinige Gott als Schöpfer auch in einer Beziehung zu nichtchristlichen Religionen stehe.[7] In Gott seien *drei Dimensionen von Interaktion* zu unterscheiden, nämlich die Dimension der *personalen Interaktion*, die Dimension der *impersonalen Interaktion* sowie die Dimension der *gemeinschaftlichen Interaktion*. Diesen drei Interaktionsformen ordnet Heim nun ganz bestimmte Religionsformationen zu, deren *Grunderfahrungen* jeweils einer der Dimensionen von Interaktion besonders entsprechen. Judentum und Islam werden der personalen Interaktion zugeordnet, Buddhismus und Hindureligionen der impersonalen Interaktion und das Christentum der gemeinschaftlichen Interaktion. So versucht Heim einerseits eine Wertschätzung anderer Religionen zu begründen, andererseits die Besonderheit der christlichen Glaubenserfahrung festzuhalten. Die Trinitätslehre ist damit zum Interpretationsrahmen *aller* Religionen erhoben. Die Religionen antworten je auf ihre Weise auf verschiedene Dimensionen der göttlichen Interaktion.

Kritisch anzumerken bleibt indes, dass Mark Heim unter *Heil* verschiedene *Formen von Interaktion mit dem Göttlichen* versteht, sodass damit alle Religionen als mehr oder weniger heilshaft gedeutet werden können. Ist Heil nach neutestamentlichem Zeugnis jedoch wirklich nur ganz allgemein als Beziehungsmodus zu verstehen? Wie steht es mit wichtigen theologischen Konzepten wie etwa der (Heils-)Mittlerschaft Jesu Christi oder der Stellvertretung? Auf diese Frage wird zurückzukommen sein.

7 Mark Heim, The Depth of the Riches. Trinity and Religious Ends; in: Modern Theology 17, 2001, S. 21-55. Zum Ansatz von Heim vgl. auch: John G. Flett, In the Name of the Father, the Son, and the Holy Spirit. A Critical Reflection on the Trinitarian Theologies of Religion of S. Mark Heim and Gavin D'Costa; in: International Journal of Systematic Theology 10, 2008, S. 73-90.

Wenden wir uns dem Ansatz von Michael von Brück zu. Dieser geht einen anderen Weg, indem er im Dialog mit der hinduistischen Traditionslinie des *Advaita Vedanta* (Philosophie und meditative Praxis der Nicht-Zweiheit) die Trinitätslehre advaitisch deutet.[8] Die *interreligiös (christlich-hinduistischer Dialog) erworbene Erfahrung* wird damit zum Interpretationsschlüssel, um die christliche Trinitätslehre *neu zu verstehen*. Kurz gesagt geht es darum, dass tiefe spirituelle Erkenntnis das Ich-Bewusstsein aufhebt und damit auch Subjekt-Objekt-Schemata. Wo es aber keine Subjekt-Objekt-Schemata mehr gibt, da gibt es auch keine Grenzen mehr. Das, was in den Hindutraditionen die *transpersonale Erfahrung* des Transzendenten sei, werde, so von Brück, christlich mit der Trinitätslehre ausgedrückt: Der Vater sei die Sistenz, er trete im Sohne aus sich heraus in die Ex-Sistenz, sei im Geist die In-Sistenz und in der *drei-einigen Erfahrung* des Glaubenden schließlich die Erfahrung der *transpersonalen In-Ex-Sistenz Gottes*.

Die Einheit des dreieinigen Gottes liegt nicht im Vater, auch nicht in der Dreiheit der Personen, sondern *in der Bewegung* der gegenseitigen Durchdringung als Aus-sich-Herausgehen und als Sichidentifizieren von Vater, Sohn und Geist. Für Christen heißt das: Der Glaubende, der mit Christus eins wird, wird zugleich über sich selbst und über Christus quasi hinausgehoben, was von Brück am Philipperhymnus (Phil 2,5-11) festmacht: Letztlich sei es der Name **über alle** Namen, der Christus gegeben sei. Dies versteht von Brück als Hinweis auf das *transpersonale Namenlose*.

Aus interreligiösen Dialogerfahrungen heraus wird hier demnach eine Deutung der Trinitätslehre vorgenommen, die beides ermöglichen soll: Einerseits völlige Einigung mit Jesus Christus, die als trinitarische Erfahrung indes andererseits in die Tiefe der Wahrheit führt, *die nun aber die Partikularität Jesu Christi übersteigt und damit die Grenzen zwischen Religionstraditionen als unerheblich hinter sich zurücklässt.* Mit anderen Worten: *Je tiefer jemand in die Erfahrung des dreieinigen Gottes hingelangt, desto mehr wird er aus der*

8 Michael von Brück, Einheit der Wirklichkeit. Gott, Gotteserfahrung und Meditation im hinduistisch-christlichen Dialog, München ^{2}1987, bes. S. 213-246. Vgl. auch: ders., Müssen Wahrheiten sich ausschließen? Christlich-buddhistische Begegnung und Annäherung; in: LM 27, 1988, S. 554-557.

Partikularität der Vorstellung herausgelöst: Religionsgrenzen werden damit letztlich bedeutungslos.

Halten wir einen Moment inne: Während Hermann Diem die Trinitätslehre als missionstheologische Matrix verwendet, um sie gegenüber anderen Religionstraditionen *abzugrenzen*, wird bei Mark Heim und Michael von Brück die Trinitätslehre umgekehrt in Anspruch genommen, nämlich um die *Wertschätzung* anderer Religionstraditionen zu *begründen*.[9] Mission würde bei beiden letztgenannten Ansätzen damit lediglich in einem *interreligiösen Austausch* bestehen, da es einer Konversion im Sinne eines Religionswechsels nicht mehr bedarf. Mag es auch zu solchen Konversionen kommen, aktiv gesucht werden müssen sie aus christlicher Sicht nicht. Denn Konversion bezeichnet hier den Weg zur Tiefe der Wahrheit, der jeweils der eigene religiöse Weg (buddhistisch, islamisch, christlich usw.) *bleiben kann*. Mission dient damit der Einkehr in die Tiefe der Wahrheit, sie erfolgt als Dialog und zielt nicht mehr auf den Wechsel von einer Religionstradition zu einer anderen. Damit kommt indes ein Sprachgebrauch zum Zuge, der mit weiten Teilen des globalen missionstheologischen Diskurses nicht mehr vereinbar ist.

2.3 Missionstheologische Unterscheidungstheorien

Wenigstens kurz soll noch von einer dritten Option die Rede sein. Einen wiederum anderen Weg gehen *missionstheologische Unterscheidungstheorien*, wie etwa von Dietrich Werner und mir selbst formuliert.[10] Eine Würdigung anderer Religionstraditionen kann so gedacht werden, dass der Geist Gottes sich sowohl auf den Vater als auch auf den Sohn bezieht, und zwar in *graduell je eigener Weise*. Dietrich Werner will das *filioque*, den westkirchlichen Bekenntniszusatz also, dass

9 Entweder sind diese als *Antworten auf jeweils eine Dimension göttlich-trinitarischer Interaktion* zu würdigen, so Heim, oder aber sie sind aus *trinitarisch-advaitischer Erfahrung* mögliche Zugänge zur transzendenten Wirklichkeit, so Michael von Brück.

10 Dietrich Werner, Mission für das Leben – Mission im Kontext. Ökumenische Perspektiven missionarischer Präsenz in der Diskussion des ÖRK 1961–1991, Rothenburg 1993, S. 449ff.

der Heilige Geist nicht nur vom Vater, sondern vom Vater *und dem Sohn* (lat. *filioque*) ausgeht, gestrichen sehen. Damit werde ein relativ eigenständiges Handeln des Heiligen Geistes gegenüber dem Handeln des dreieinigen Gottes im Sohn denkbar. Mit dem altkirchlichen Bild von den „zwei Händen Gottes“ sieht Werner Gott auch in den Religionen in gewissem Sinne am Werk, und sei es als Anfrage an die Christen und Kirchen. Die eine Hand Gottes ist sein Heilshandeln im Sohn, die andere Hand ist Gottes geheimnisvolles Handeln im Heiligen Geist und in der Welt.

Ich selbst habe mit einer Unterscheidung *Jürgen Moltmanns* das *filioque* nicht aufgegeben, sondern *interpretiert*, und zwar als Wirken des Heiligen Geistes, welches sich auf den ***Sohn** des Vaters* bezieht, was das *Rettungshandeln* Gottes in Jesus Christus bezeichnet.[11] Umgekehrt kann aber auch vom Wirken des Heiligen Geistes die Rede sein, das sich auf den ***Vater** des Sohnes* bezieht, was Gottes *Segenshandeln* in der Welt – auch in den Religionen – bezeichnen kann.[12] Dieses Segenshandeln des Geistes, bezogen auf den *Vater des Sohnes*, wird außerhalb der christlichen Religionsformation eben *nicht im Namen Jesu Christi* erfahren, es kann aber dennoch aus christlicher Sicht als ein Wirken des dreieinigen Gottes in gewissen, je nach Ort und Zeit begrenzten Geschehnissen (also nicht flächendeckend!) *gedeutet* werden. Mag es partiell *Gottes Segenshandeln* auch in anderen Religionsformationen geben, so führt dies neben der Würdigung immer zugleich zum missionarischen Christuszeugnis zurück. Schließlich geht es darum, dass offenbar Gott in der Geschichte seines *Rettungshandelns* in Jesus Christus wirkt. Beides, Segenshandeln (auch) außerhalb und Rettungshandeln innerhalb der christlichen Gemeinde, steht in einer *bleibenden und nicht aufzuhebenden Spannung* zueinander.

11 Henning Wrogemann, Mission als Hermeneutik des Fremden; in: ders., Mission und Religion in der systematischen Theologie der Gegenwart, Göttingen 1997, S. 291-318; ders., Überlegungen zu Notwendigkeit und Problematik einer trinitarischen Begründung der Mission; in: Zeitschrift für Mission 23, 1997, S. 151-165.

12 Dabei wird die meines Erachtens bis heute grundlegende Unterscheidung von Rettung und Segen unterlegt, wie sie in den Arbeiten des Alttestamentlers Claus Westermann herausgearbeitet worden ist. Vgl. Claus Westermann, Der Segen in der Bibel und im Handeln der Kirche, München 1968; ders., Theologie des Alten Testaments in Grundzügen, Göttingen 1978.

Für Christen/Christinnen wird damit das Bekenntnis zum letztgültigen Heilshandeln Gottes in Jesus Christus festgehalten. Andererseits wird aber auch das Geheimnis des göttlichen Wirkens in der Welt konstatiert, welches in Ehrfurcht anzuerkennen ist: Christen/Christinnen „wissen“ – selbst im Glauben – *nicht* „alles“, sondern sie bleiben verwiesen auf den Gott, der sich ihrer erbarmt hat. Gott hat sich zwar offenbart, in gewisser Weise bleibt er jedoch weiterhin auch verborgen. Dieser Spannung wird im Folgenden nachzugehen sein.

3. Zur Frage von Verborgenheit und Offenbarsein des dreieinigen Gottes

Die christliche Trinitätslehre, wie sie ihren Niederschlag in den altkirchlichen Bekenntnissen gefunden hat, ist auch aus Sicht der heutigen Exegese als sachgemäße Interpretation neutestamentlicher Aussagen zu verstehen.[13] Die Trinitätslehre kann mit Michael Meyer-Blanck als der Versuch gesehen werden, „die Geschichtlichkeit und Lebendigkeit von Gottes Liebe nachzubuchstabieren“[14]. Das aber bedeutet, dass es hier *nicht* um ein trinitarisches *Prinzip* geht, sondern um die Einheit und Einzigkeit Gottes, die in der *Geschichte* und in dem *Namen* des Jesus von Nazareth zugänglich wird. Schon alttestamentlich kann man im Blick auf den Namen Gottes von einem *doxologischen Erwartungsraum* Israels sprechen.[15] Alle Völker werden, so die Er-

13 Hans-Joachim Eckstein, So haben wir doch nur einen Gott. Die Anfänge trinitarischer Rede von Gott im Neuen Testament; in: ders., Kyrios Jesus. Perspektiven einer christologischen Theologie, Neukirchen-Vluyn 2009, S. 3-33; Thomas Söding, Ein Gott – ein Herr – ein Geist. Die neutestamentliche Basis der Trinitätstheologie und ihre liturgische Bedeutung; in: Bert Groen / Benedikt Kranemann (Hg.), Liturgie und Trinität, QD 229, Freiburg u. a. 2008, S. 12-57.

14 Michael Meyer-Blanck, Das trinitarische Bekenntnis im Spiegel des „Evangelischen Gottesdienstbuches“; in: Bert Groen / Benedikt Kranemann (Hg.), Liturgie und Trinität, Freiburg u. a. 2008, S. 231-245, S. 235.

15 „Bei aller Unausgeglichenheit der eschatologischen Erwartungen im Alten Testament kann man doch ein Element als breit bezeugt ansehen: die Anrufung des Namens Gottes durch den Rest Israels und durch die Heiden. Israel erwartet, dass die Völker in die Verehrung seines Gottes endlich einstimmen werden.“ Das „im Namen“ Gottes kann dabei auch „lokal aufgefasst werden … In der Tat gibt es an

wartung, dereinst in das Lob des Namens Gottes einstimmen. Im Neuen Testament werden dann Charakteristika des Jahwe-Namens auf Jesus Christus übertragen. Der Exeget *Manfred Oeming* sieht darin eine „Zwei-Naturen-Lehre in nuce" gegeben.[16] Die duadischen Formeln (Vater/Sohn; Gott/Christus) werden an verschiedenen Stellen zu triadischen Formeln erweitert. *Der in Jesus Christus sich in einem Namen und einer Geschichte offenbarende Gott kann damit in Anbetung und Gottesdienst verherrlicht werden, verherrlicht in einem Namen*, der nicht eine dürre Bezeichnung ist, sondern der selbst wie *ein Raum des Heils* verstanden werden kann.[17]

Rückblickend kann man festhalten, dass die *apologetische Interpretation* der Trinitätslehre die Dynamik des christlich-trinitarischen Gottesverständnisses aus den Augen verliert. Die *religionstheologisch-basistheoretische Interpretation* dagegen tendiert entweder dazu, die Trinitätslehre in eine abstrakte Theorie umzudeuten (Mark Heim) oder aber deren geschichtliche Basis und die Bedeutung des Namens auszublenden (Michael von Brück). Wie aber kann, so die Rückfrage,

mehreren Stellen die Vorstellung, dass der Name ein Raum ist, in den hinein man eintreten kann und in dem man sich bergen kann: ‚Der Name des Herrn ist eine feste Burg; der Gerechte läuft dorthin und wird beschirmt.' (Prov. 18,10) Man hat sogar die These vertreten, dass die signifikante Hochschätzung des Namens im dtn-dtr Bereich eine theologische Reaktion auf den Verlust des real existierenden Tempels war: Nachdem das Heiligtum aus Steinen zerstört war, nahm Israel Zuflucht in das Heiligtum des Wortes, d. h. des ausgesprochenen Namens." Manfred Oeming, „Im Namen des Vaters und des Sohnes und des Heiligen Geistes". Beiträge zur Traditionsgeschichte und Bedeutungstiefe der trinitarischen Formel; in: Reinhold Mokrosch / Helmut Merkel (Hg.), Humanismus und Reformation. Historische, theologische und pädagogische Beiträge zu deren Wechselwirkung (FS F. Krüger), Münster 2001, S. 254-264, S. 260.

16 „Die weitgehende Überlappung der alttestamentlichen Vorstellungen vom Namens JHWHs und der neutestamentlichen Aussagen über den Namen des Herrn Jesus Christus lässt fragen, ob darin nicht schon eine Zwei-Naturen-Lehre in nuce liegt. Gegenüber dem eher subordinatianischen ‚genealogischen' Modell, nach welchem Gott der Vater, Jesus Christus sein (Adoptiv-)Sohn ist, impliziert die Gleichheit der Namen alttestamentlich eine Gleichheit des Wesens, also eine *Homousie*" (Oeming, Im Namen, S. 262).

17 So jedenfalls kann man Aussagen wie 1. Korinther 6,11 deuten, wo es im Zusammenhang der Taufe heißt: „Ihr seid aber abgewaschen, ihr seid geheiligt, ihr seid gerecht geworden durch den Namen des Herrn Jesus Christus und durch den Geist unseres Gottes."

theologisch legitim gerade derjenige Name ausgeblendet werden, in dem der dreieinige Gott *sich selbst* zu offenbaren *bestimmt hat*?

Die Grundfrage indes bleibt dann bestehen: Wie kann missionstheologisch die Vielfalt von Religionen und Kulturen gewürdigt werden, wenn mit der Geschichtlichkeit und dem Namen Jesu Christi die trinitarische Gotteslehre in etwas *Partikularem* begründet wird? Wo bleibt Raum für das andere, das Fremde, das Widersprechende, das Faszinierende, das Anstößige, das Verstörende? Wird Gottes Sein und wird die Weltgeschichte durch dieses Gottesbild so ausgeleuchtet, dass es keine Seiten von Verborgenheit mehr gibt? Meine These lautet, dass eine trinitarisch-missionstheologische Besinnung nicht nur dem Offenbarsein Gottes, sondern *auch der bleibenden Verborgenheit von Gottes Wirken in der Welt Aufmerksamkeit schenken muss*, um im Gravitationsfeld der lebensförderlichen Kraft dieses Gottes und seiner Offenbarung zu bleiben. *Theologische Theorie ist damit nicht eine solche, die eindeutige Lösungen anbietet, sondern eine solche, die bleibende Ambivalenzen zu deuten hilft.*[18]

Nach biblischem Zeugnis ist und bleibt Gott trotz seines Offenbarwerdens immer auch in mehrfacher Weise verborgen.[19] So ist Gott zunächst *verborgen gerade in seiner unermesslichen Herrlichkeit*, deren volles Offenbarsein den Menschen vernichten würde. Mose kann nur Gottes Rückseite gewahren, sonst würde er vergehen. Ist die Herrlichkeit Gottes anwesend, so kann er die Stiftshütte nicht betreten.[20] In seiner majestätischen Herrlichkeit bleibt Gott dem Menschen verborgen, dies ist das Erste. Das Zweite ist, dass gerade Gottes Offenbarungshandeln in der Geschichte als Verborgenheit *sub specie contraria* verstanden werden muss: Der Kreuzestod des Jesus von Nazareth erscheint im Gegensatz zu seiner Person niedrig, und dadurch offenbart sich Gott im Gegenteil dessen, was Menschen von ihm erwarten würden. Ohne dieses anstößige kreuzestheologische Verborgenbleiben

18 Ich nehme hier eine gedankliche Linie auf, der ich schon sehr früh gefolgt bin (s. Anm. 11), verändere im Folgenden allerdings den Duktus.

19 Vgl. dazu: Eberhard Jüngel, Die Offenbarung der Verborgenheit Gottes. Ein Beitrag zum evangelischen Verständnis der Verborgenheit des göttlichen Wirkens; in: ders., Wertlose Wahrheit. Zur Identität und Relevanz des christlichen Glaubens. Theologische Erörterungen III, Tübingen 1990, S. 163-182.

20 Vgl. Ex 33,18-23; Ex 40,34-35 sowie 1Kön 8,10-11.

ist Gottes Offenbarsein nicht zu haben. Hier wird, mit Eberhart Jüngel gesprochen, die „primäre Verborgenheit Gottes … identifizierbar. Aber … nur in der sekundären, in der weltlichen Verborgenheit eines ganz bestimmten Menschenlebens.“[21]

Doch gibt es darüber hinaus eine dritte Form, wie der dreieinige Gott verborgen bleibt: So sehr der dreieinige Gott in seiner Offenbarung als ein Gott der Liebe erkennbar wird, so sehr bleibt der Glaube, der sich auf diesen Gott einlässt, *angefochten* durch die Erfahrungen in der Welt. Die Erfahrungen von Krankheiten, Ungerechtigkeiten und Schicksalsschlägen wie Todesfälle, Kriege oder Naturkatastrophen wiegen schwer. All dies scheint gegen das Bild eines liebenden Gottes zu sprechen. Tritt also ein *opus Dei alienum* (in der Welterfahrung) neben das *opus Dei proprium* (im Heilsgeschehen)?[22] Religionstheologisch gesehen wird jedoch nicht nur das Negative, sondern *auch das Positive zur Anfechtung des Glaubens*: Wie ist das Schöne, das Ehrfurchtgebietende und Faszinierende in anderen Religionen zu verstehen? Sind nicht viele Muslime beeindruckend in ihrer religiösen Ernsthaftigkeit? Faszinieren nicht buddhistische Meditationspraktiken, die den Stress des Alltagslebens abzubauen helfen?[23] Wie steht es mit mystischen Erfahrungen und oft atemberaubenden Leistungen im medizinischen, künstlerischen oder sportlichen Bereich in anderen Religionstraditionen? Soll das alles menschlicher Verkehrtheit geschuldet sein und auf Irrglauben, Sünde oder gar dämonische Verführung zurückzuführen sein?

Wie also ist Gottes Anwesenheit oder Abwesenheit gerade in den attraktiven und lebensförderlichen Ausformungen anderer religiöser Traditionen zu verstehen? Es ist dem Systematiker *Eberhard Jüngel* darin zuzustimmen, dass ein Rückschluss von der Welterfahrung auf Gottes Wesen theologisch nicht zulässig ist. Es geht nicht um einen *Deus absconditus*, sondern es geht um ein *opus Dei absconditus*.

21 Jüngel, Die Offenbarung, S. 170.

22 Martin Luther verweist für diese Unterscheidung auf Stellen wie Jesaja 28,7ff; 1. Samuel 2,6 oder Deuteronomium 32,39. Vgl. Jüngel, Die Offenbarung, S. 172f.

23 Vgl. Henning Wrogemann, Das schöne Evangelium inmitten der Kulturen und Religionen. Streifzüge im Bereich der Missions- und Religionswissenschaft, Erlangen 2011.

Welterfahrungen im Guten wie im Negativen führen zu Anfechtungen, die jedoch auf Gott als den zurückweisen, der sich in Christus offenbart *hat*.[24] Der Satz *Gott ist Liebe* (1Joh 4,8) ist keine bloße Sachaussage, sondern er wird zu einer *Entscheidungsinstanz* (Jüngel). Im Glauben an diesen Gott der Liebe können die Anfechtungen der Welterfahrung ertragen werden, kann Gottes Wirken, das in allen Dingen mächtig ist, bejaht werden.

4. Mission als Teilhabe und Teilgabe an der Herrlichkeit Gottes

Wie sehen nun die Umrisse eines trinitarisch-doxologischen Missionsverständnisses aus, das von der Herrlichkeit und der Verherrlichung des dreieinigen Gottes her denkt, dessen Herrlichkeit in seinem Offenbarsein gepriesen und in seiner Verborgenheit anerkannt wird? Und wie kann ein solches Missionsverständnis dazu verhelfen, sich den Herausforderungen pluralistischer Gesellschaften zu stellen? Einige Grundlinien seien im Folgenden angedeutet.[25] Dabei sind zunächst wichtige Herausforderungen insbesondere im Blick auf deutsche Kontexte zu benennen. Der christliche Glaube wird unter anderem dadurch angefochten, weil er mit verschiedenen Religionsformen und Weltanschauungen konfrontiert wird. Daneben ist meines Erachtens in vielen Gemeinden eine *spirituelle Blockade* zu konstatieren: Die Grundlagen des eigenen Glaubens werden unklar, Mission wird als

24 „Gottes opus proprium, sein gnädiges Handeln, offenbart das göttliche Subjekt, das göttliche Wesen, ihn selbst. Nicht *Gott selbst* ist verborgen, sondern allein sein opus alienum, sein das Böse zulassendes und sich des Bösen bedienendes Handeln. Es gibt keinen *grausamen deus absconditus*, sondern nur *ein Grauen erregendes opus dei absconditus*, von dem uns das lumen gratiae des Evangeliums zwar ablenken (zu Jesus Christus hin ab-lenken) kann, das aber auch im Licht der Gnade ein opus dei absconditus bleibt." Dieses Verhältnis wird nicht aufgelöst, sondern es wird erst im Eschaton zur Klarheit geführt werden (Jüngel, Die Offenbarung, S. 176f).

25 Ich reiße damit nur an und führe weiter, was ich an anderer Stelle ausführlich dargelegt habe. Vgl. Henning Wrogemann, Den Glanz widerspiegeln – vom Sinn der christlichen Mission, ihren Kraftquellen und Ausdrucksgestalten. Interkulturelle Impulse für deutsche Kontexte, 2., erweiterte Auflage, Münster 2012.

Überforderung empfunden, wenn nicht als etwas, das es zu vermeiden gilt um des interreligiösen Friedens willen. Die Frage, ob eine pluralistische Gesellschaft nicht zum Verzicht auf Mission führen müsste, kann man als *intellektuelle Blockade* bezeichnen. Dazu kommt die *expressionale Blockade*, da es in vielen christlichen Kontexten schwer erscheint, angemessene Formen einer ebenso modernen wie traditionsbewussten Praxis zu finden.[26] Welche Impulse also vermag ein trinitarisch-doxologisches Missionsverständnis hierzu zu geben?

4.1 Doxologie als performatives Geschehen – Anbetung als Kraftquelle

Ein doxologisches Missionsverständnis geht davon aus, dass die Herrlichkeit Gottes, wie sie Israel im Tempel und das rabbinische Judentum später in der Thora als gegenwärtig sah, vom frühen Christentum *in* Jesus Christus bezeugt wird. In seinem Angesicht spiegelt sich die Herrlichkeit Gottes, seine *doxa* (δόξα), wie es bei Paulus heißt (2Kor 4,6).[27] Im Gotteslob der Gemeinde wird diese Herrlichkeit des dreieinigen Gottes bezeugt und besungen. Dieses Gotteslob ist ein *verwandelndes Wirken des Heiligen Geistes*. Paulus schreibt: „Der Herr ist der Geist; wo aber der Geist des Herrn ist, da ist Freiheit. Nun aber schauen wir alle mit aufgedecktem Angesicht die Herrlichkeit des Herrn wie in einem Spiegel, und wir werden verklärt in sein Bild von einer Herrlichkeit zur anderen von dem Herrn, der der Geist ist" (2Kor 3,17-18). *Wichtig ist nun, dass das Geschehen der gegenseitigen Verherrlichung als trinitarisches Geschehen zu verstehen ist*: Jesus Christus, der Sohn Gottes, verherrlicht in der Kraft des Geistes durch sein Leben und Sterben den Vater. Umgekehrt erweckt der Vater durch den Geist Jesus Christus von den Toten auf und verherrlicht

26 Wrogemann, Den Glanz widerspiegeln, S. 14-22.

27 Vgl. Joh 1,14; 17,24. In Hebräer 1,3 ist von Christus als dem „Abglanz der Herrlichkeit" die Rede. Vgl. Lukas 9,32 in der Verklärung präsentisch, in Matthäus 16,27 eschatologisch. Vgl. Reinhard Meßner, Was ist eine Doxologie?; in: Bert Groen / Benedikt Kranemann (Hg.), Liturgie und Trinität, Freiburg u. a. 2008, S. 129-160, S. 151ff.

ihn darin. Der auferstandene Gekreuzigte wiederum sendet den Geist, damit durch das Geist-Wirken in der Gemeinschaft der Glaubenden Gottes Heilswirken bezeugt und auch darin verherrlicht werde. Die dynamische Wirklichkeit des dreieinigen Gottes wird darin als Beziehungsgeschehen verstehbar, welches Menschen in sich hineinnimmt, damit diese verwandelt werden.

Dem entspricht Mission als christlicher Lebensstil: Mission als oikoumenische Doxologie ist begründet im *performativen Geschehen*, wenn *der dreieinige Gott gemeinschaftlich angebetet wird*. Es sind nicht theologische Sachaussagen, die hier den Sprachmodus darstellen, sondern es ist das *hymnische Gotteslob* sowohl in Anbetung als auch in Bitte und Klage. Es gilt, gegen Tendenzen einer Selbstsäkularisierung (W. Huber) in vielen Kirchen eben diesen trinitarischen Raum des christlichen Gotteslobes als Ausdrucksform und Kraftquelle wiederzugewinnen. Hilfreich dazu ist meines Erachtens, wenn Gemeinden sich auf die *trinitarischen liturgischen Wendungen* im Gottesdienst besinnen, etwa die kleine Doxologie („Ehre sei dem Vater und dem Sohn und dem Heiligen Geist") und die große Doxologie oder das Glaubensbekenntnis.[28] Es geht in der Predigt um ein Verständnis des Evangeliums, welches der Verwiesenheit des Wirkens von Gott dem Vater, dem Sohn und dem Heiligen Geist mehr Aufmerksamkeit schenkt. Denn das Geheimnis der Offenbarung, dass Gott Liebe ist, kann nur trinitarisch recht verstanden werden.

Gotteslob wirkt damit als geistliche und gemeinschaftliche Kraftquelle und als Ort, an dem sich die Gemeinde ihres Glaubens vergewissern kann. In landeskirchlichen Zusammenhängen bedeutet dies, dass in der täglichen Arbeit *Zeit und Raum offen gehalten* werden sollten, eine *Kultur der Sorgsamkeit* in Gebet und Gottesdienst neu eingeübt wird, eine *Kultur der liturgischen Achtsamkeit* neu zu entdecken und eine *Kultur symbolischer Ausdrucksformen* neu zu erlernen ist. Dies alles kann hier nur angedeutet werden.

28 Gegen eine Entchristologisierung der gottesdienstlichen Sprache ist meines Erachtens an der *parataktischen Form* des *Gloria Patri* festzuhalten (entgegen Vorschlägen aus der Richtung des christlich-jüdischen Dialogs). Vgl. David Käbisch, Praktische Theologie; in: Volker Henning Drecoll (Hg.), Trinität, Tübingen 2011, S. 195-220, S. 199-200.

4.2 Doxologie als ex-zentrisches Geschehen – geistliche Einstellung als Entlastung

Das christliche Gotteslob eröffnet den Raum für eine ganz spezifische missionarische Einstellung, denn es de-zentriert den Betenden, es verweist ihn auf den dreieinigen Gott als demjenigen, von dem her er seinen Sinn und seine Identität empfängt. Sprachlich etwa ist die Doxologie „Ehre sei dem Vater und dem Sohn und dem Heiligen Geist" in *nominaler Form* gehalten, sie hat also kein ausdrückliches Subjekt. Das aber bedeutet: Der ganz auf Gott ausgerichtete Mensch tritt selbst ganz zurück. Mit Reinhard Meßner kann man sagen, dass „die Doxologie … in Sprache gefasste reine Hingabe"[29] ist. Indem jedoch diese doxologische Ex-zentrizität vergegenwärtigt wird, kann sie zu einer *heilsamen* (und in diesem Sinne auch missionarischen) *Selbstdistanz* führen, zu einem *Los-lassen von übersteigerten Ansprüchen* an sich selbst und die Gemeinde, einem *Gewährenlassen anderer Menschen* und einem *Laufenlassen des Wortes Gottes.*[30] In vielen Gemeinden greift das Burn-out-Syndrom in bedenklichem Ausmaß um sich. Als heilsames Gegengewicht eröffnet damit das Gotteslob Raum für einen anderen Blick und neue Zugänge. Es entlastet und kann gerade so neue Kräfte freisetzen.

In religionstheologischer Perspektive bedeutet diese Ex-zentrizität ausdrücklich, sich *das Nichtwissen einzugestehen* und das *Geheimnis göttlichen Welthandelns auszuhalten.* Die Wirklichkeit anderer Religionstraditionen muss dann nicht mehr in eine systematisch-kohärente Weltdeutung eingepasst werden, sondern die ebenso faszinierende wie verstörende Differenzerfahrung kann einmal mehr Gott selbst anheimgestellt werden. Das trinitarisch verstandene Christusgeschehen weist gerade darauf hin, wie ausweglos die menschlichen Verstehensbemühungen sind. *Paradigmatisch ist die unauflösbare Aporie*, die im Widerspruch zwischen dem Tode Jesu einerseits und dem Bekenntnis seiner Jünger andererseits besteht, Jesus von Nazareth sei der Christus Gottes gewesen: Wie kann es sein, dass der Sohn

29 Meßner, Was ist eine Doxologie?, S. 146.

30 Vgl. Wrogemann, Den Glanz widerspiegeln, darin: „Doxologische Mission und eine Theologie der Gelassenheit", S. 193-205.

Gottes getötet wurde? Diese Aporie wird aufgehoben durch Gottes Wirken in der Auferweckung Jesu Christi von den Toten. *Damit hat das religionstheologische Nichtwissen von Christen/Christinnen ein Vorbild, welches jedoch zugleich die Hoffnung begründet, dass der Schleier des Nichtverstehens im Eschaton durch Gott selbst gelüftet werde.* Anders formuliert: Christen/Christinnen müssen nicht alles wissen, sie können Geheimnisse göttlichen Waltens stehen lassen, denn sie haben Hoffnung auch gegen den Augenschein ihrer eigenen Wertungen und Vorstellungen. Gott kann Neues entstehen lassen, so wie es auch am Ostermorgen geschah. Diese Einsicht macht das Beharren auf dem Christuszeugnis gleichzeitig belastbar und lebensförderlich. Menschliches Wissenwollen um die letzten Geheimnisse von Gottes Handeln in der Welt – auch in den Religionen – wird quasi „gekreuzigt" und wartet, dass der auferstandene Gekreuzigte am Ende aller Zeit unserem Erkennen aufhelfen wird. Bis dahin bleiben das Christusbekenntnis, die Suche nach verbindenden Wahrheiten und das (heilsame) Eingeständnis des Nichtwissens im anbetenden Anerkennen dessen, dass Gottes Ratschlüsse uns in manchem verborgen bleiben.

4.3 Doxologie als gemeinschaftlich-leibliches Geschehen – attraktive Lebensformen

Auch christliche Gemeinschaftsformen sind von einem doxologisch-trinitarischen Verständnis her zu deuten. Wichtige Impulse vermag hier der 1. Petrusbrief geben. Christen/Christinnen wird im 1. Petrusbrief zugesprochen: „Selig seid ihr, wenn ihr geschmäht werdet um des Namens Christi willen, denn der Geist, der ein Geist der Herrlichkeit und Gottes ist, ruht auf euch" (1Petr 4,14). Man kann die Gemeinde demnach als „Freiheitsraum des Geistes" verstehen.[31] Die Theologie des 1. Petrusbriefes ist zugleich eine doxologische, eine trinitarische und eine missionarische Theologie. Gott erschließt sich

31 Thomas Popp, Die Kunst der Konvivenz. Theologie der Anerkennung im 1. Petrusbrief, Leipzig 2010, S. 468.

als Vater in Jesus Christus und die „als ‚Kinder' (1,14) anerkannten Glaubenden erkennen im Lobpreis … Gott als Vater Jesu Christi an, der sich ihnen als freies Gegenüber erwählend und erbarmend zuwendet (1,3; vgl. 1,23; 2,2)"[32]. Die Theologie des 1. Petrusbriefes ist triadisch strukturiert, wie aus 1. Petrus 1,1-2 und 3,18–4,6 leicht erkennbar ist. Christen sind auserwählt. Sie leben als Fremde (1,1) und sind „durch den Geist geheiligt, um Jesus Christus gehorsam zu sein und mit seinem Blut besprengt zu werden" (1,2; EÜ). Deshalb ist ihre Fremdheit in der Welt eschatologisch und nicht soziologisch bestimmt. Der „Geist Christi" bezeugte bereits in den Propheten „die Leiden Christi und die darauf folgende Herrlichkeit" (1,11; EÜ). Deshalb widerfährt Christen/Christinnen in Anfechtungen und Trübsal nichts ihnen Fremdes: „Liebe Brüder, lasst euch durch die Feuersglut, die zu eurer Prüfung über euch gekommen ist, nicht verwirren, als ob euch etwas Ungewöhnliches zustoße. Stattdessen freut euch, dass ihr Anteil an den Leiden Christi habt; denn so könnt ihr auch bei der Offenbarung seiner Herrlichkeit voll Freude jubeln. Wenn ihr wegen des Namens Christi beschimpft werdet, seid ihr selig zu preisen; denn der Geist der Herrlichkeit, der Geist Gottes, ruht auf euch" (1Petr 4,12-14; EÜ).

In diesen Zusammenhängen ist die Verwiesenheit des göttlichen Wirkens gut zu erkennen: Der Heilige Geist führt in die Nachfolge, die ein Ähnlichwerden mit Christus einschließt und damit ins Leiden führt, so wie Christus selbst ins Leiden geführt wurde. Die Gemeinschaft von Christen/Christinnen wird so zu einem *Resonanzraum des Geistwirkens*, denn der „Geist Gottes ruht *auf euch*". Die Fremdheit von Christen/Christinnen mag vielfach einen ersten Aufmerksamkeitsgewinn mit sich bringen, indessen wird von der Gemeinschaft erwartet, dabei nicht stehen zu bleiben, sondern als „geistliches Haus" aus „lebendigen Steinen" dem „Eckstein" Christus entgegenzuwachsen. Ein kühnes Bild! Das „rechtschaffene Leben" der Christen/Christinnen soll als Zeugnis wirken, damit die Völker „durch eure guten Taten zur Einsicht kommen und Gott preisen am Tag der Heimsuchung"

32 Popp, Die Kunst der Konvivenz, S. 461.

(1Petr 2,12; EÜ).[33] Zu diesen Taten gehört, ebenso wie im Christusgeschehen, ein radikaler Gewaltverzicht: „Vergeltet nicht Böses mit Bösem noch Kränkung mit Kränkung! Stattdessen segnet; denn ihr seid dazu berufen, Segen zu erlangen" (1Petr 3,9; EÜ).

In diesen Zusammenhängen lässt sich eine gedankliche Linie erkennen: Die Glaubenden sind durch Gott erwählt, sie werden durch den Heiligen Geist zur Nachfolge Christi befähigt und damit in das Christusereignis hineingestellt, in die Geschichte Jesu Christi nämlich, die selbst von leidenschaftlicher Liebe durchdrungen und durch die Führung des Geistes bestimmt war. Jesus von Nazareth wurde in Gemeinschaften geführt (etwa von Zöllnern, Sündern, Prostituierten, Ausgegrenzten) und in Situationen hineingestellt, in denen er die *ausstrahlende und zurechtbringende Heiligkeit Gottes* lebte, zum Ausdruck brachte, bezeugte und *zugleich sich ganz an Gott den Vater in der Kraft des Geistes hingab*.

Jesus von Nazareth lebte damit radikal die Letztgültigkeit seiner Sohnesbeziehung zum Vater in der Kraft des Geistes. *Und eben diese Letztgültigkeit (nicht: Absolutheit!) ist es, die Christen/Christinnen als Gemeinschaften, Gemeinden und Kirchen den geistlichen Grund radikaler Hingabe ermöglicht, als Gegengewicht zu jeder Form menschlicher Vorstellung von Macht und Ehre, Erfolg und Ansehen.* Wenn etwas ganz besonders von Christen/Christinnen gerade in Minderheitssituationen zu lernen ist, dann dieses, dass die *Gewissheit der Letztgültigkeit von Gottes Handeln in Jesus Christus* zu radikaler Hingabe und Feindesliebe befähigt. Ein verbreitetes gesellschaftliches Pluralismusverständnis trachtet danach, jede Art von religiösen Letztbegründungsmustern zu diskreditieren, und verdächtigt diese, sozialschädliches Handeln nach sich zu ziehen. Dagegen bleibt festzuhalten: Es ist diese Letztgültigkeit, die nach dem 1. Petrusbrief (und nicht wenigen Erfahrungen der Christentums- wie der allgemeinen Religionsgeschichte) in die Gemeinschaft mit Menschen anderen Glaubens und anderer Weltanschauung *hineinführt*. Sie führt damit gerade nicht in eine selbstgerechte Los-Lösung, eine Ab-solutheit. Genau deshalb

33 1. Petrus 2,15 (EÜ) ergänzt: „Denn es ist der Wille Gottes, dass ihr durch eure guten Taten die Unwissenheit unverständiger Menschen zum Schweigen bringt."

sollte man den zutiefst missverständlichen (und sachlich unfruchtbaren) Begriff der Absolutheit endlich aufgeben.

Ein attraktiver Lebensstil, bei dem Christen zu den Menschen anderer kultureller, religiöser und sonstiger Prägung hinausgehen, ist in dieser theologischen Basis begründet. Das Moment der Feindesliebe kann anziehend wirken. Von dieser Basis her können Impulse für kreative neue Formen von Vergemeinschaft ausgehen.

5. Ausblick

Die wenigen Andeutungen mögen gezeigt haben, dass ein trinitarisch-doxologisches Missionsverständnis im Kontext religiöser Pluralität einige Deutungspotenziale bietet. Trinitarisches Denken wird damit im Blick auf religiöse Pluralität weder als monolineare Grenzziehung konzipiert (Abgrenzungstheorien) noch als eher nivellierendes Deuteschema (Basistheorien), sondern als spannungsreiche Verwiesenheit zwischen Gewissheiten und Anfragen (doxologische Vertiefung von Unterscheidungstheorien). Es wurde argumentiert, dass es gerade Letztbegründungsmuster sind, die beachtliche Deutungspotenziale enthalten. Die wechselseitige Verherrlichung von Gott dem Vater in seinem offenbarenden Wirken im Sohn und in der Kraft des Geistes begründet christliche Glaubensexistenz individuell und als Gemeinschaft. In der Anbetung des dreieinigen Gottes können neu geistliche Kraftquellen gefunden werden. Es kommt zu einer heilsamen Selbstdistanzierung, die neue Freiräume setzt, und zu einem gemeinschaftlichen Begründetsein als erwähltes Volk, das sich in ganz neuer Weise zu seiner Umgebung verhalten kann, weil seine Fremdheit durch Gottes Erwählung begründet ist. Diese doxologisch-trinitarischen Potenziale sind zwar gegeben, sie werden indes ihre Kraft nur bei Menschen entfalten können, die sich auf diese Potenziale einlassen. Dieses Einlassen bedeutet indes nicht eine neue Kraftanstrengung, sondern das heilsame Los-lassen von alten Bildern und Ansprüchen und das Sich-einlassen auf diese Botschaft, indem Menschen Zeiten und Räume frei halten, die Kraft des dreieinigen Gottes auf sich wirken zu lassen.

Mission in einer globalisierten Welt

Partnerschaftsmodelle der Allianz-Mission in theologischer und historischer Perspektive

Alfred Meier

1. Komplizierte vernetzte Welt – Einführung

Die weltweite Mission ist zu einer globalisierten, vernetzten Mission geworden. Es ist nur wenige Jahrzehnte her, da war Mission eine Einbahnstraße, die von Norden und Westen Richtung Süden und Osten verlief. Die Gestaltung der Nord-Süd-Partnerschaften wurde nicht nur in Politik und Wirtschaft, sondern auch in der christlichen Mission durch die starken Agenturen des Westens dominiert. Westliche Strategien und Theologien überlagerten die weltweite Mission. Und wenn man einige Reaktionen von Lateinamerikanern hört, die im Oktober 2010 am dritten Lausanner Kongress für Weltevangelisation in Kapstadt teilgenommen haben, dann ist diese westliche Dominanz auch heute noch nicht aus der Welt.[1]

René Padilla, einer der renommiertesten Avantgardisten des globalen Südens, stellt fest, dass trotz der erheblichen Zunahme der Christen des Südens besonders die US-Amerikaner für sich das letzte Wort beanspruchen, wenn es um das Design von Missionsstrategien geht.[2]

1 Vgl. dazu die Einschätzung von René Padilla: „Wenn die Partnerschaft in der weltweiten Missionsarbeit funktionieren soll, dann ist es wichtig, dass die beteiligten Kräfte, einschließlich der Missionsstrategen, auf Macht und Geld verzichten und ein inkarnatorisches Modell der Mission praktizieren, dass sich an dem irdischen Dienst Jesu und am Kreuz orientiert.“ (Vgl. im engl. Original in: http://thesuburbanchristian.blogspot.de/2010/11/rene-padilla-on-cape-town-lausanne.html.; Zugriff am 08.11.2013)

2 Es ist eine allgemein anerkannte Tatsache, dass sich der Schwerpunkt der Christenheit von Nord nach Süd verlagert hat. Trotzdem fahren die christlichen Leiter des Nordens und Westens, insbesondere aus den USA, fort, es wie eine Selbstverständlichkeit anzusehen, die Strategien der weltweiten Evangelisation vorzugeben. (im engl. Original bei Padilla, Cape Town Lausanne, http://thesuburbanchristian.blogspot.de/2010/11/rene-padilla-on-cape-town-lausanne.html).

Die Problematik wird zu einem großen Teil von finanziellen Fragen dominiert. Wer das Geld hat, hat die Macht und bestimmt damit die Spielregeln der Partnerschaft.

„Traurigerweise ist der Wohlstand des Nordens und Westens das größte Hindernis für eine wirkliche Partnerschaft in der Mission, ein Wohlstand, den Jonathan Bonk in seinem wichtigen Buch ‚Mission und Geld‘ als das Problem der westlichen Missionare bezeichnet.“[3]

Trotz aller berechtigten Kritik weht seit 1974 auch in der evangelikalen Szene ein neuer Wind. Kontextuelle Theologien werden entwickelt und stehen den klassischen Ansätzen des Westens gegenüber. Diese Theologien sind weniger von „spekulativen Hochseilakten“, wohl aber von lebensnaher Relevanz geprägt.

Leider ist die Zahl der westlichen Theologen auf internationalen Konferenzen immer noch zu disproportioniert. Sie entspricht nicht dem Verhältnis der Anzahl der Christen und Gemeinden weltweit.[4]

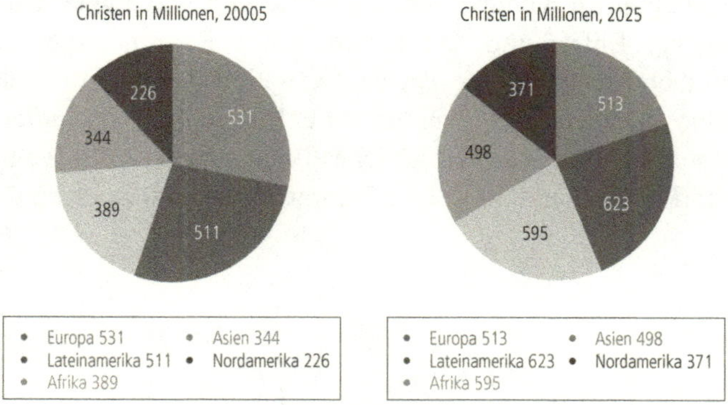

Abb. 1: Reale und prognostizierte Verteilung der Christen weltweit[5]

3 Padilla, Cape Town Lausanne; siehe auch Jonathan J. Bonk, Missions and Mammon: Six Thesis; in: IBMR, Vol. 13, No. 4, Oct. 1989, New Haven, S. 174-180; ders., Missions and Money – Affluence as a Western Missionary Problem, American Society of Missiology Series, No. 15, Maryknoll [4]1996.

4 Vgl. Bradley Coon, The Past Five Years of Christian Growth Worldwide, Lausanne World Pulse, April 2008, http://www.lausanneworldpulse.com/research.php/928/04-2008?pg=all; Zugriff am 15.11.2013.

5 Philip Jenkins, The Next Christendom. The Coming of Global Christianity, New York 32012, S. 2.

Die Entwicklung wird dahin gehen, dass die Christen und Theologen des globalen Südens eine selbstbewusste Kehrtwende zu einer eher orthodox-konservativen Theologie einläuten werden. Und es wird eine Theologie sein, die dem Leben zugewandt ist angesichts der aktuellen Probleme in den meisten Ländern des globalen Südens (Verfolgung, Armut, AIDS, mangelnde Bildung usw.).[6] Wenn die westlichen Kirchen hier nicht umdenken, wird es zu partnerschaftlichen Allianzen innerhalb des Südens kommen, die den Westen außen vor lassen.[7]

Der globale Süden entwickelt zudem eigene Missionsstrategien und bringt sie selbstbewusst in die Debatte ein. Auch in der Missionsgeschichtsschreibung wächst seit den 1990er-Jahren zunehmend das Bewusstsein, dass sie nur aus transkulturell-ökumenischer Perspektive geschrieben werden kann. So entsteht sie als Partnerschaftsprojekt mit dem Versuch, die positiven und negativen Seiten sowohl aus westlicher als auch aus südlicher Sicht zu beleuchten.[8]

Im Folgenden untersuchen wir Varianten verschiedener Partnerschaftsmodelle im Kontext der Globalisierung und fragen nach geschichtlicher Entstehung und theologischen Begründungen. Dabei werden auch nichtwestliche Perspektiven einbezogen. Am Ende soll der Frage nachgegangen werden, wie Missionsgesellschaften und Ortsgemeinden ihr partnerschaftliches Engagement in der Weltmission verstärken können und welche Parameter dazu hilfreich sind.

6 Vgl. dazu Alfred Meier, Wie lebenstauglich ist westliche Theologie?; in: Hans Georg Wünch / Alfred Meier (Hg.), TSR-Jahrbuch 2013, Wölmersen 2013, S. 5-14; Martin Voegelin, Die Kirche des Südens bittet zum Tanz; in: em 3, 2011, S. 115ff.

7 In der Anglikanischen und Lutherischen Kirche sind schon erste Zeichen dieses Trends zu beobachten (http://blog.captainthin.net/?p=681; Zugriff am 15.11.2013).

8 Vgl. z. B. Adrian Hastings (Hg.), A World History of Christianity, Grand Rapids 1999; Karl Müller / Werner Ustorf (Hg.), Einleitung in die Missionsgeschichte. Tradition, Situation und Dynamik des Christentums, Stuttgart 1995 (= Theologische Wissenschaft, Bd. 18).

2. Wer sind die Partner in diesem globalen Netzwerk der Weltmission?

2.1 Partnerschaftskonstellationen

Im Kontext der Weltmission sind ganz unterschiedliche Partner auf lokaler, nationaler und internationaler Ebene am Werk. Konkret umfasst Partnerschaft „im weiteren Sinne Netzwerke, Konsultationen, strategische Bündnisse, Gemeinschaftsprojekte und Sponsorenvereinbarungen"[9].

Die Allianz-Mission (AM) im Bund Freier evangelischer Gemeinden versteht sich als Gemeindemission. Dies bedeutet, dass ihre Arbeit von Gemeinden unterstützt wird und in den Arbeitsgebieten Gemeindegründungen eine zentrale strategische Bedeutung haben. Der ganzheitliche Ansatz der Missionsarbeit führt dazu, dass vor Ort unterschiedliche Netzwerke gebildet werden, in die auch einheimische Projektinitiativen, Vereine und nationale bzw. internationale Parteiorganisationen einbezogen sind, die Bereiche wie Bildung, Diakonie und Entwicklung abdecken. Die Arbeit der AM ist nachhaltig und führt dazu, dass sie als verlässlicher Partner wahrgenommen wird.

Die für die Arbeit der AM relevanten Konstellationen werden in der Abbildung 2 dargestellt.

Partnerschaftskonstellationen:

- Gemeinden kooperieren mit Missionsagenturen, um Missionare aus Kulturraum A in Kulturraum B zu entsenden.
- Gemeinden oder Privatpersonen gründen Vereine und starten mit oder ohne Assistenz von klassischen Missionsgesellschaften missionarische Initiativen oder Projekte und kooperieren mit nationalen Partnern im Kulturraum B.
- Missionsgesellschaften begleiten und finanzieren Missionare.
- Missionare sind als Angestellte ihrer Missionsgesellschaften und Gesandte ihrer Gemeinden Partner von Gemeinden, Vereinen und Projektinitiativen im Kulturraum B.

9 Zitiert in Ralph I. Schubert / Louise Kretschmar, Auf dem Weg zu echter Partnerschaft. Ein Dialog zwischen christlichen Leitern aus dem Westen und aus Tansania; in: em 2, 2010, S. 60.

- Missionare sind Partner ihrer Heimat- und Partnergemeinden innerhalb von Kulturraum A.
- Ortsgemeinden oder Diözesen unterhalten zwischenkirchliche Partnerschaften mit Gemeinden aus einem anderen Kulturraum. Diese Form der Partnerschaft ist in ökumenischen Kreisen viel stärker verbreitet als in evangelikalen.[10] Ein Grund ist unter anderem, dass seit der Integration des Internationalen Missionsrats (IMR) in den ÖRK (Ökumenischer Rat der Kirchen; Neu Delhi 1961) die Bedeutung der klassischen Missionsgesellschaften gesunken ist.
- Im Kulturraum B bilden sich Projektinitiativen und eigenständige Vereine, die mit nationalen Gemeindebünden oder internationalen Partnern aus dem Kulturraum A kooperieren.
- Innerhalb des Kulturraums B sind Variationen partnerschaftlicher Kooperation möglich (vgl. Abb. 2).

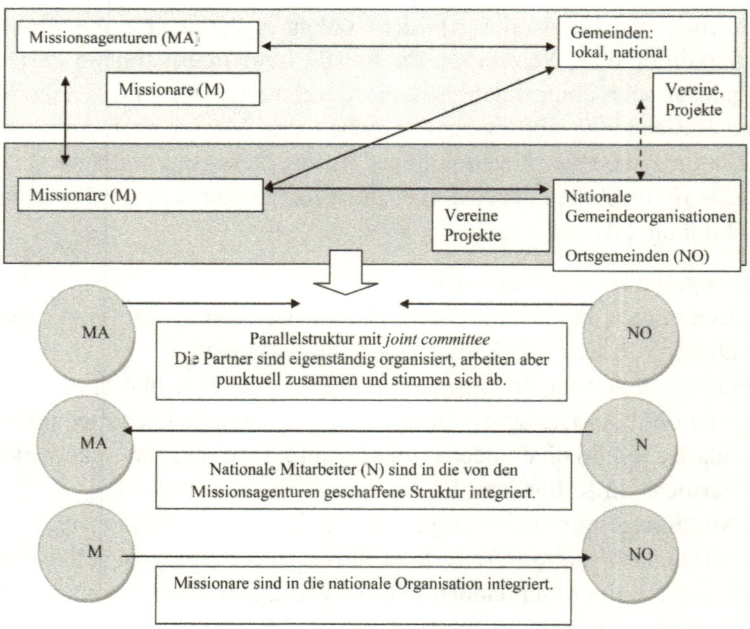

Abb. 2: Partner in der Weltmission

10 Vgl. umfassend bei Lothar Bauerochse, Miteinander leben lernen. Zwischenkirchliche Partnerschaften als ökumenische Lerngemeinschaft, Erlangen, 1996, S. 291-399.

Die dargestellten Partner haben unterschiedliche Funktionen, die es aus theologischer und praktischer Perspektive zu skizzieren und zu begründen gilt (vgl. Kap. 5 bis 7).

Die Partnerschaft zwischen Missionaren und ihrer Missionsgesellschaft und die Rolle der Gemeinden im Kulturraum A als Partner der Weltmission sind sehr bedeutsam. Von daher bleibt es nicht aus, wenn Partner kritische Fragen stellen und Problemfelder zur Sprache bringen.

2.2 Problemfelder der Partnerschaft im Kontext der Weltmission

Afrikanische Fragen:
„Traut ihr Leute aus dem Norden und Westen uns Afrikanern zu, dass auch wir gute Ideen haben im Bereich von Gemeindegründung und theologischer Ausbildung?

Seid ihr bereit, uns Geld anzuvertrauen, das für die Missionsarbeit bereitgestellt wurde? Mit anderen Worten: Habt ihr gelernt, *good partners in mission* zu sein?“

Diese Fragen stellte uns ein afrikanischer Leiter während eines Besuchs im westafrikanischen Benin.

Auf einer vom Chalmers Center[11] organisierten Konferenz im westafrikanischen Togo wurden maßgebliche Kirchenführer nach ihren Erwartungen an die Partnerschaft mit ausländischen Kirchen und Organisationen befragt. Hier einige Schlagwörter:

- Die afrikanische Kultur anerkennen.
- Respektieren, dass die afrikanischen Kirchen und Völker nach dem Ebenbild Gottes geschaffen sind.
- Begleitung in Bereichen der Ausbildung, Gesundheit und kontextrelevanter Theologie im Geist der Partnerschaft und des gegenseitigen Respekts.

11 http://www.chalmers.org/news/gospel-driven-transformation-savings-groups-in-west-africa (Zugriff am 12.11.2013).

- Missionare sollen unsere Meinung erfragen, bevor sie kommen, um uns zu helfen. Plant nicht nur in euren Büros, um anschließend etwas für uns zu tun.
- Missionare denken manchmal, dass Geld wichtiger sei als Personen.
- Afrikaner sind in der Lage, selber herauszufinden, was sie benötigen. Fremde versuchen zu oft, an unserer Stelle nachzudenken.

Fragen in Gemeinden:

„Ich wusste gar nicht, dass Missionare erst dann ausreisen können, wenn Gemeinden und Freunde genügend Geld für die Ausreise bereitgestellt haben. Ich dachte immer, das sei Sache der Missionsgesellschaft."

Wie steht es also um die aktive Rolle der Gemeinden als Partner in der Weltmission? Betrachten die Gemeinden Missionsgesellschaften lediglich als Organisationen, an die der weltmissionarische Auftrag delegiert wird? Und umgekehrt: Nehmen die Missionsgesellschaften die sie unterstützenden Gemeinden als Partner ernst? Dürfen sie mitreden und wird für dieses Mitreden ein kreativer Raum geschaffen? Werden die Gemeinden ausreichend informiert über die Interna, die die von ihnen unterstützten Missionare betreffen?

Fragen eines Missionars:

„Wann lernen Gemeinden, dass es zum Wesen der Kirche gehört, Weltmission zu einem zentralen Thema ihrer Agenda zu machen? Ich komme mir in Gemeinden oft wie ein Einzelkämpfer vor. Wie steht es um die Partnerschaft zwischen Gemeinden und Missionaren?"

„Als Missionar bin ich nicht nur ein motivierter Mensch, der sich in der Weltmission engagieren will, ich bin auch Arbeitnehmer – wer vertritt eigentlich meine Interessen als Arbeitnehmer in der Missionsgesellschaft?"[12]

12 Vgl. dazu z. B. die Studie von Vanessa Hung, die sie im Namen der Association of Christian Missions in Hongkong durchgeführt hat. Detlef Blöcher / Vanessa Hung, Wie Missionare und ihre Leiter über ihr eigenes Missionswerk denken. Eine vergleichende Studie aus Hongkong; in: em 2, 2010, S. 91-99. Die Schlussfolgerung von Blöcher besagt, dass die Meinungen der Missionsleiter und der Missionare

Wir sehen: Es gibt unterschiedliche Tendenzen aus der Sicht von Partnern des globalen Südens, von Missionaren und Gemeinden, die viel verraten über Erwartungen im Kontext der partnerschaftlichen Zusammenarbeit in der Weltmission.

Die **Partner des Südens** sehnen sich längst nach einer integrativen Partnerschaft auf Augenhöhe, wo gemeinsame Visionen geteilt werden, eine Sprache gesprochen und an einem Strang gezogen wird. Integration in ein gemeinsames Projekt der missionarischen Teilhabe – das ist ihr Thema.

Die Teilhabe der **westlichen Gemeinden** an den Herausforderungen der transkulturellen Mission im Süden unserer Hemisphäre nimmt ab. Es scheint nach wie vor der leichtere Weg zu sein, wenn die weltmissionarische Verantwortung an die Spezialisten der Missionsgesellschaft delegiert wird.

Die **Komplexität der Globalisierung** stellt hohe Anforderungen an die partnerschaftliche Zusammenarbeit. Die Multikultigesellschaft vor unseren Haustüren erzeugt bei vielen Gemeinden ein Gefühl der Ohnmacht und der Resignation. Die unterschiedlichen kulturellen Denk- und Lebensweisen erschweren gemeinsame Vorhaben. Sie lassen aber auch erahnen, wie schwer es Missionaren im interkulturellen Missionsdienst fallen kann, Ebenen fruchtbarer Partnerschaft zu schaffen.

Partnerschaften im Kontext der globalen Missionsarbeit erfordern ein hohes Maß an partnerschaftlicher Teilhabe und an interkultureller Kompetenz. Dabei muss das nach wie vor latent vorhandene neokolonialistische Denken[13] entschärft werden. Partnerschaftliche

tendenziell die gleiche ist und nur geringfügig voneinander abweichen. Bedeutet dies, dass es unnötig wäre, Missionaren eine eigene Stimme in der Struktur des Heimatlandes zuzugestehen (z. B. in Form einer Vertrauensperson, die einen offiziellen Sitz in den Leitungsgremien einnimmt)?

13 Neokolonialistisch meint hier Bestrebungen westlicher Partner, die Kontrolle über finanzielle Ressourcen, den Einsatz von Personal und die strategische Umsetzung von Zielen zu behalten und Entscheidungsprozesse in ihrem Sinne direkt oder indirekt zu beeinflussen. Bei der indirekten Beeinflussung geht es um allgemeine Rahmenbedingungen (Verwaltung von Geld, strategische Vorgaben), die die lokalen Institutionen (Gemeindeverbände, NGO) einengen, obwohl diese nominell unabhängig sind.

Zusammenarbeit wird zudem durch das zu große Gefälle zwischen Reichen und Armen erschwert und dadurch, dass Fragen tendenziell auf die Finanzierbarkeit von Projekten reduziert werden.

3. Die Variationen partnerschaftlicher Kooperation im Kontext der Arbeit der Allianz-Mission

Die Allianz-Mission (AM) wurde 1889 gegründet und arbeitet mittlerweile in 23 Ländern. 100 Langzeit- und ca. 40 Kurzzeitmissionare sind international tätig. Evangelisation und Gemeindegründung, soziale Projektarbeit, Entwicklungsarbeit in den Bereichen Medizin und Landwirtschaft, Bildungsarbeit von Lerngruppen und Kindergärten über Schulen bis zu theologischen Ausbildungsstätten belegen den Facettenreichtum und die ganzheitliche Ausrichtung des weltmissionarischen Engagements der AM.

Die partnerschaftliche Kooperation zwischen AM und ihren Partnern in den Gastländern lässt sich folgenden Typen zuordnen:[14]

- Kooperation mit anderen Missionsgesellschaften im Gastland: Entsendung von AM-Missionaren und finanzielle Unterstützung.
  Frankreich: ReachGlobal Europa
  Mali: Wycliff, SIL
- Partnerschaft mit einem bereits vor Beginn der Arbeit der AM bestehenden einheimischen Gemeindeverband.
  Tansania: AICT; die Gründung von AM-Trust dient dazu, die strukturelle Eigenständigkeit der AM in administrativen Fragen (Visa usw.) zu gewährleisten.
  Philippinen: Die Gründung einer AM-eigenen Verwaltungsstruktur ist vorgesehen, da die bisherige Kooperation mit der amerikanischen Partnerorganisation demnächst endet.
- Partnerschaft mit einem von der AM mitbegründeten nationalen Gemeindeverband durch Unterstützung von Teilbereichen der Arbeit.

14 Vgl. http://allianz-mission.de/ueber-uns/kurzpotrait/. Die aufgeführten Kooperationen sind lediglich Beispiele aus ausgewählten Ländern.

Mali: UEPEM, Leitung durch malische Pastoren, finanzielle Assistenz seitens der AM.

Tadschikistan: INIT/OEXT (tadschikischer Gemeindeverband mit zurzeit 11 Gemeinden), einheimische Leitung, Arbeit durch AM finanziert; zwei tadschikische ONGs, die von der AM initiiert und finanziert werden, aber offiziell mit Tadschiken besetzt sind.

Russland: Gemeinde in Saratov, einheimische Leitung, durch AM finanziert.

Japan: Hope-Center.

- Zusammenarbeit mit überkonfessionellen Organisationen (Ev. Allianzen und deren Abteilungen: Medienarbeit, Gefängnisarbeit, Entwicklungsarbeit): punktuelle finanzielle Unterstützung.
- Kooperation mit internationalen oder nationalen Nichtregierungsorganisationen (NGO).

Brasilien: CENA[15] – sozialmissionarische Arbeit unter Straßenkindern in São Paolo, geringe Unterstützung durch AM, Arbeit unter Straßenkindern; SETIEL – Theologisches Seminar des Bundes Freier evangelischer Gemeinden in Brasilien, wo Missionare der AM mitarbeiten.

Philippinen: Kindergärten, Lernzentren, theologische Ausbildung am ETCP[16], von AM gegründet und finanziert, mittlerweile eigenständiges Bundeswerk, Anstellung einheimischer Mitarbeiter.

Vietnam: Von AM gegründete und 2014 an Vietnamesen übergebene NGO, Entwicklungshilfeprojekte, 50 Prozent von AM finanziert; Missionare der AM sind in der Leitung vertreten.

Mali: AM-eigene NGO, von Maliern geleitet, von der AM finanziert, 30 malische Mitarbeiter, Entwicklungsprojekte in den Bereichen Landwirtschaft, Bildung, Gesundheit, Infrastruktur, Gemeinde.

Tadschikistan: Zwei NGOs von AM finanziert in den Bereichen Studentenarbeit und Freizeitcamps.

- Punktuelle oder langfristige Zusammenarbeit und Gestaltung projektorientierter Plattformen, um gemeinsame Ziele zu erreichen.

15 CENA: Clube Esperança Nova Aurora in São Paoulo.

16 ETCP: Evangelical Theological College of the Philippines.

Mali: Verein für christliche Schulen in Sévaré, Verein zur Förderung der theologischen Ausbildung in Bamako [17], FATMES [18].

Brasilien: LEVANTE[19], fast vollständige Finanzierung und Verantwortung seitens der AM; Verlag Esperança mit Buchhandlungen in verschiedenen Städten, von der AM initiiert und inzwischen an einheimische Christen übergeben.

- Assistierende Kooperation mit Gemeinden in Deutschland im interkulturellen Bereich. Hier kristallisieren sich drei Modelle heraus: Bildung internationaler Gemeinden, Bildung von monokulturellen Migrantengemeinden, Versuch der Integration in bestehende Gemeinden. Viele Freie evangelische Gemeinden haben den Wunsch, Migranten, Asylanten und im Umfeld der Gemeinden lebende Mitbürger mit ausländischem Hintergrund zu integrieren, und nehmen dabei die Unterstützung der AM in Anspruch.

Der Zeitraum zwischen Beginn einer Arbeit durch die AM und der Übergabe an einheimische Partner liegt zwischen 8 und 25 Jahren. Bei der Darstellung der partnerschaftlichen Kooperation nach außen stehen seitens der AM diejenigen Initiativen im Vordergrund, bei denen Projektgelder fließen und die Arbeit durch die Entsendung von Missionaren unterstützt wird. Die Projekte und Initiativen, die bereits geradezu vollständig von einheimischen Partnern fortgeführt werden, geraten bei der Außendarstellung in den Hintergrund. Aber gerade diese Tatbestände zeugen von gelungener Partnerschaft, stellen das eigentliche Ziel von interkultureller Missionsarbeit dar und sollten infolgedessen auch stärker als bisher in den Fokus der Kommunikation rücken.

Die AM betont folgende Aspekte bei der partnerschaftlichen Kooperation:

- Verantwortungsvoller Umgang mit Spendengeldern;
- Entsendung von AM-Missionaren in die Länder, die mitarbeiten,

17 APFT: Association pour la Promotion de la Formation Théologique au Mali, Sitz Bamako.

18 FATMES: Faculté de Théologie et de Missiologie évangélique au Sahel, Sitz Bamako.

19 Levante – „Steh auf!“. Weitere Infos: http://allianz-mission.de/dienste/projekte/levante/.

beraten und den zweckmäßigen Umgang der Spendengelder überprüfen können;

- einheimische Mitarbeiter werden teilweise bzw. größtenteils finanziert;
- Förderung einheimischer Mitarbeiter und gemeinsame Fortbildung;
- Mitarbeit bei der Schaffung einheimischer Strukturen, die nachhaltig zur Selbstständigkeit und Übergabe begonnener Projekte führen;
- personelle Verankerung der Gremien auf lokaler, regionaler und nationaler Ebene;
- Erarbeitung gemeinsamer Ziele;
- AM soll als Partner ihre eigene Struktur beibehalten können.

In den Regionen, in denen die AM tätig ist, werden die Spuren der Globalisierung sichtbar. Die komplexen Folgen dieser Entwicklung führen dazu, dass die Herausforderungen an die integral-holistische Missionsarbeit größer werden. Die Partner des globalen Südens werden selbstbewusster.

4. Entstehung und Merkmale der Globalisierung – eine Skizze

Globalisierung bedeutet, dass die Lebensbereiche der Menschen international verflochten sind.[20] Dies betrifft vornehmlich die Bereiche Wirtschaft, Politik, Kultur, Klimaschutz und Kommunikation. Ob-

20 Die Bundeszentrale für politische Bildung stellt die von der Globalisierung betroffenen Lebensbereiche dar: http://www.bpb.de/wissen/Y6I2DP (Zugriff am 08.11.2013). Betroffen sind unter anderem: Handel und Wirtschaft, Finanzmärkte, Sprachen, Tourismus, Entwicklungspolitik, Armut und Flüchtlingsbewegungen. Hier wird allerdings deutlich, dass die wirtschaftlichen Aspekte dominieren und die übrigen Aspekte des globalen Kulturaustauschs unterbelichtet sind. Vgl. dazu Martin Uebeles Vorlesung an der Uni Münster zur Wirtschaftshistorie seit 1850: http://www.wiwi.unimuenster.de/wisoge/studieren/Skripte/global_WS1112 /VL-11.pdf (Zugriff am 10.11.2013). Einen allgemeinen Überblick zur Geschichte der Globalisierung bietet Knut Borchardt, Globalisierung in historischer Perspektive, München (= Sitzungsberichte Jahrgang 2001, Heft 2) und aus sozialwissenschaftlicher Perspektive: Andreas Niederberger / Philipp Schink (Hg.), Globalisierung. Ein interdisziplinäres Handbuch, Stuttgart 2011.

wohl der Begriff Globalisierung erstmals Anfang der 1970er-Jahre im angloamerikanischen Kulturraum auftrat, sind Globalisierungswellen jedoch kein Phänomen des 20./21. Jahrhunderts.[21] Sie gab es schon in der Antike (z. B. Perserreich, Alexander der Große, Römisches Reich) und im Mittelalter seit der Zeit der Kreuzzüge. Kolonialismus und Imperialismus sind ebenfalls Globalisierungswellen, die nachweislich von Europa und Amerika dominiert wurden und deshalb als unilaterale Globalisierung bezeichnet werden müssten.[22] Zu einer internationalen Verflechtung im Sinne des gegenseitigen Austauschs kam es nicht. Auch in der Missionsgeschichte zurzeit der Kolonialzeit (16. Jahrhundert bis 1960) war die Unilateralität Hauptkennzeichen. Im folgenden Abschnitt werden einige wichtige Phänomene der Globalisierung aufgezeigt und nach deren Bedeutung für die partnerschaftliche Kooperation in der Weltmission befragt.

4.1 Industrialisierung und Globalisierung

Bereits Mitte des 19. Jahrhunderts sahen Karl Marx und Friedrich Engels voraus, wie die freien Kräfte des Kapitalismus die Unternehmenskultur verändern werden:

> „Die Bourgeoisie hat durch ihre Exploitation des Weltmarkts die Produktion und Konsumtion aller Länder kosmopolitisch gestaltet. Sie hat zum großen Bedauern der Reaktionäre den nationalen Boden der Industrie unter den Füßen weggezogen. Die uralten nationalen Industrien … werden verdrängt durch neue Industrien, deren Einführung eine Lebensfrage für alle zivilisierten Nationen wird, durch Industrien, die nicht mehr einheimische Rohstoffe, sondern den entlegensten Zonen angehörige Rohstoffe verarbeiten und deren Fabrikate nicht nur im Lande selbst, sondern in allen Weltteilen

21 Vgl. den Überblick bei Hans Ulrich Reifler, Handbuch der Missiologie. Missionarisches Handeln in biblischer Perspektive, edition afem, mission academics 19, Nürnberg 2005, S. 422ff.

22 Vgl. den Überblick bei Roland Hardmeier, Geliebte Welt. Auf dem Weg zu einem neuen missionarischen Paradigma, Schwarzenfeld 2012, S. 28-32.

zugleich verbraucht werden … An die Stelle der alten lokalen und nationalen Selbstgenügsamkeit und Abgeschlossenheit tritt ein allseitiger Verkehr, eine allseitige Abhängigkeit der Nationen voneinander. Und wie in der materiellen, so auch in der geistigen Produktion. Die geistigen Erzeugnisse der einzelnen Nationen werden Gemeingut … und aus den vielen nationalen und lokalen Literaturen bildet sich eine Weltliteratur." [23]

Die Industrialisierung führte zu einer technologischen Überlagerung der Zivilisation, die Arbeitskräfte und materielle Ressourcen instrumentalisierte und ausbeutete. Das, was Marx und Engels in Bezug auf die globalen Entwicklungen der Industrialisierung [24] voraussagten, gilt im übertragenen Sinn auch für die Missionsgeschichte. Zunächst wurde die Fokussierung auf das volkskirchlich Nationale durch die Mission im imperialistischen Zeitalter aufgebrochen. Darüber hinaus barg das im 19. Jahrhundert vorherrschende zivilisatorische Mandat der christlichen Mission die Gefahr, Nichtchristen in den klassischen Missionsländern zu Objekten westlicher Strategien zu machen. So entstand eine Dialektik, die die westlichen Missionare als zivilisiert, wissend und überlegen und Lateinamerikaner und Afrikaner als unzivilisiert, unwissend und unterlegen erscheinen ließ. Der durch diese Entwicklung kultivierte Komplex hat sich nachhaltig auf das Verhältnis zwischen westlichen Missionsgesellschaften und einheimischen Kirchen des globalen Südens ausgewirkt. Erst ab den 1960er-Jahren hat sich das Bewusstsein eines „allseitigen Verkehrs" und der „allseitigen Abhängigkeit" entwickelt. [25]

Fazit und Frage:
Technologischer Fortschritt und westliche Zivilisation waren dominant und haben die Entwicklung partnerschaftlicher Kooperation auch

23 Karl Marx / Friedrich Engels, Werke, Band 4, Berlin/DDR, [6]1972, S. 466.

24 Vgl. weiter http://www.globalisierung-fakten.de/industrialisierung/ (Zugriff am 06.03.2014).

25 Vgl. Thema der Weltmissionskonferenz 1963 in Mexiko: „Mission in sechs Kontinenten" zu ihrer ersten Weltmissionskonferenz. Das Missionsverständnis wurde dahin gehend erweitert, dass jetzt alle Kontinente und nicht mehr nur die Länder des Südens im Blickfeld der Mission waren.

in der christlichen Mission beeinflusst und behindert. Wie kann verhindert werden, dass entwicklungstechnisches, strategisches und von Effizienz und Zielorientierung geprägtes Denken die partnerschaftliche Kooperation zwischen Missionaren und Mitarbeitern aus dem globalen Süden dominiert?

4.2 Globalisierung zwischen Expansion und Weltenge

1932 prägte Karl Jaspers in seiner Schrift *Die geistige Situation der Zeit* den Begriff *planetarisch*. Er bezog die globale Entwicklung zunächst auf die Bereiche Technik und Wirtschaft. Er fürchtete einen Prozess der Nivellierung. Angesichts der Erfahrung des Ersten Weltkrieges bewege sich die Menschheit, so Jaspers, in einer Dialektik zwischen Raumerweiterung und Weltenge. Parallel zu den expansionistischen Ambitionen der Kriegsparteien entwickelte sich durch das Engagement der gesamten Menschheit in den Kriegen gleichzeitig ein Gefühl der Weltenge.

> „Mit der Vereinheitlichung des Planeten hat ein Prozess der Nivellierung begonnen, den man mit Grauen erblickt. Was heute für alle allgemein wird, ist stets das Oberflächliche, Nichtige und Gleichgültige. Man bemüht sich um diese Nivellierung, als brächte sie die Einigung der Menschheit zuwege. In tropischen Pflanzungen und im nordischen Fischerdorf sieht man die Filme der Weltstädte. Überall sind dieselben Kleider. Die Manieren des Umgangs, die gleichen Tänze, derselbe Sport, dieselben Schlagworte eines aus Aufklärung, angelsächsischem Positivismus und theologischer Tradition gemischten Sprachkreises erobert sich das Erdrund. Auf Weltkongressen fördert man diese Nivellierung, wenn man, statt in die echte Kommunikation des Heterogenen zu treten, sich auf das Gemeinsame in Religion und Weltanschauung einigen will. Die Rassen mischen sich. Die geschichtlichen Konturen lösen sich von ihrer Wurzel und stürzen in die technisch wirtschaftliche Welt und in eine leere Intellektualität. Noch ist dieser Prozess in den Anfängen. Aber jeder, schon das Kinde, ist von ihm ergriffen. Bereits

schlägt der erste Rausch der Raumerweiterung um in ein Gefühl der Weltenge."[26]

Die Tendenz zur Nivellierung in globalen Prozessen des 21. Jahrhunderts sieht auch der Politikwissenschaftler Elmar Altvater, der Globalisierung als einen Prozess der Vereinheitlichung von Normen, Werten und Regulationsmustern wahrnimmt.[27]

Diese scheinbar paradoxe Parallelentwicklung zwischen globaler Expansion und kultureller Einengung ist geprägt von Multikulturalität und vom Rückzug auf nationalistisches Terrain. Letzteres wird zum Beispiel deutlich am Erstarken der populistischen Front National in Frankreich oder in der vor Lampedusa sichtbaren Abschottungspolitik der EU. Auch Missionsgesellschaften stehen durchaus in der Gefahr, sich aus der gefühlten Enge ihrer Einbindung in die Kulturen und Strukturen ihrer Gastländer dadurch zu befreien, dass sie Parallelstrukturen (das heißt Rückzug in monokulturelle Entscheidungsmechanismen) schaffen, die unabhängiges Agieren ermöglichen.

Fazit und Frage:
Aus der eher pessimistischen Sicht globaler Prozesse, die Jaspers hier voraussieht, stellt sich im Zusammenhang unseres Themas die Frage: Lassen sich interkulturell agierende westliche Missionsgesellschaften und von der Multikulturalität betroffene Gemeinden in Deutschland auf echte Kommunikation in heterogenen Prozessen ein, auch auf die Gefahr hin, dass bisherige Konturen (Denkweisen, Strategien, Entscheidungswege) nivelliert und einer gemeinsamen Positionierung Platz machen müssen?

26 Karl Jaspers, Die geistige Situation der Zeit, 1932, S. 74 (http://books.google.de/books?id=tEUEpUop7FUC&pg=PA74&lpg=PA74&dq=Weltenge+JAspers&source=bl&ots=J_JfkAY4fQ&sig=XAErJmgWklByHa2KuociXjh34U&hl=de&sa=X&ei=bjJ_UoPvBoGo4AT51YDwBg&ved=0CDAQ6AEwAA#v=onepage&q=Weltenge%20JAspers&f=false; Zugriff am 09.11.2013). Der Nivellierungsprozess wird in Begriffen wie Weltmarkt, Weltliteratur und Weltmusik deutlich.

27 Elmar Altvater, Stammeswesen im globalen Dorf; in: Blätter für deutsche internationale Politik, Nr. 37/5, 1992, S. 540ff; Altvater ist emeritierter Politikwissenschaftler der FU Berlin und Mitglied im wissenschaftlichen Beirat von Attac.

4.3 Kommunikation und Globalisierung

In jedem Land der Welt verfügen Menschen über Mobiltelefone und Zugang zum Internet. Die Einfachheit der Kommunikationswege verkürzt die Wege zueinander. Durch die Nutzung von Internet und sozialen Netzwerken (Social Media) werden sogar Massenbewegungen möglich, die die politische Entwicklung einer Region beeinflussen können.[28] Diese Entwicklung beeinflusst auch die Partnerschaft im Bereich der Weltmission. Da sich jeder an jedem Punkt der Erde über globale Entwicklungen informieren kann, steigt das Bedürfnis, mitzureden und anstehende Fragen gleichberechtigt zu erörtern. Das steigende Potenzial der Wissensbeschaffung nivelliert den Informationsvorsprung des Westens gegenüber den Partnern des globalen Südens.

Internationale Konferenzen werden ergänzt durch partnerschaftlichen Austausch, der mithilfe von E-Mails und der Einrichtung von Websites und Blogs erfolgt. Skype-Konferenzen, Kommentarfunktionen und Chatrooms werden zunehmend zur Kommunikation genutzt. Dadurch wird der Austausch beschleunigt und der Anteil der Personen erhöht, die am Kommunikationsgeschehen beteiligt sind. Die Teilnahme an Konferenzen in Lausanne, Wheaton oder Bangkok war und ist durch finanzielle Gegebenheiten eingeschränkt. Das Mitreden im „globalen Cyberroom" ist jedoch geradezu grenzen- und kostenlos. Veröffentlichungen im Internet ermöglichen es, von den Erfahrungen anderer Personen in anderen Ländern und Kulturräumen zu profitieren. Dies kann aber auch zu einer „globalen Unterwanderung" lokaler Initiativen führen. Das einfache Abgreifen von Wissen, Informationen und andernorts erprobten Missionsstrategien, die im globalen Netz zur Verfügung stehen, darf und kann den interkulturellen und kontextrelevanten Dialog sowie die „Knochenarbeit" der lokalen, kontextrelevanten Anpassung nicht ersetzen.

28 „Die Bevölkerung in Ländern wie Syrien, Ägypten und Libyen konnte mutmaßlich erst einen Volksaufstand gegen die dortigen Diktatoren erreichen, als Bilder und Informationen über das Internet veröffentlicht und geteilt und somit Aufmerksamkeit erregt wurde" (http://www.globalisierung-fakten.de/globalisierung-informationen/was-ist-globalisierung/; Zugriff am 06.03.2014).

Fazit und Frage:
Inwiefern nutzen Gemeinden/Missionare und Missionsgesellschaften die Möglichkeiten der kurzen effektiven Kommunikationswege, um Beziehungen und Partnerschaften aufzubauen und zu pflegen bzw. um Know-how bereitzustellen? Stellen westliche Partner in genügendem Maße ihre Internetplattformen zur Verfügung, damit authentische Stimmen des Südens zu Wort kommen können?

4.4 Globalisierung und der Kampf der Kulturen

Seit den 1990er-Jahren werden die Globalisierungsprozesse und die internationalen politischen Beziehungen als antagonistischer Kulturkampf wahrgenommen. Diese politische Theorie geht auf den Amerikaner Samuel Huntington und sein 1996 verfasstes Werk *Clash of Civilizations and the Remaking of World Order* zurück. Hintergrund sind die seit dem Ende des Kalten Krieges neu ins Bewusstsein gerückten kulturellen Ballungsräume, die vom Islam, von China und der westlichen Zivilisation geprägt sind. Auch in innenpolitischen Kontexten wurde das Schlagwort vom Kampf der Kulturen im Zusammenhang mit den multikulturellen Migrationsbewegungen populär (vgl. Weltenge bei Karl Jasper). Der sogenannte Kulturkampf bringt unterschiedliche Konsequenzen mit sich.

- Verletzlichkeit des Westens (vgl. den 11. September in New York);
- Konkurrenzkampf zwischen Asien und Europa/USA in den Bereichen Wirtschaft und Handel;
- antiwestliche Haltung wegen der Dominanz westlicher Werte, die durch Film, Musik, Mode, Massentourismus und Internet kolportiert werden;
- Kontroverse um die Leitkultur im deutschen Kontext (z. B. Kopftuchstreit, Zwangsintegration usw.).

Kritiker der Theorie des Kulturkampfes lehnen das postulierte „unabwendbare Schicksal" dieses Ansatzes ab. Es würden die latenten Konflikte einseitig betont und die Optionen friedlicher Lösungen vernachlässigt, die auf Toleranz und interkultureller Kompetenz basieren.

Außerdem wird in neueren Veröffentlichungen darauf hingewiesen, dass sich der sogenannte Kulturkampf nicht zwischen unterschiedlichen Kulturräumen, sondern innerhalb derselben abspielt. Der von Huntington suggerierte *Clash of Civilizations* erweise sich zunehmend als „intellektuelles Gedankenspiel“[29].

Fazit und Frage:
Sind die Partner im Kontext der Weltmission bereit, ihre unterschiedlichen Werte- und Denksysteme als eine Option anzusehen, die die partnerschaftliche Kooperation bereichert? Sind westliche Missionsgesellschaften bereit, ihre monokulturellen Raster bei der Entwicklung von Strategien durch authentische multikulturelle Sichtweisen zu ergänzen?

5. Mission und Partnerschaft – Versuch einer historischen und theologischen Grundlegung

Es scheint selbstverständlich geworden zu sein, den Begriff Partnerschaft zu gebrauchen. Doch welche historischen Implikationen beinhaltet dieser Begriff und wie kann er theologisch eingeordnet werden? Der Begriff der Partnerschaft kann seine positiven Assoziationen nur dann behalten, wenn den negativen geschichtlichen Implikationen mit Demut und theologischer Durchdringung begegnet wird. Diese wichtigen Aspekte greifen die folgenden Abschnitte auf.

5.1 GESCHICHTLICH: Partnerschaftsmodelle im kolonialen Zeitalter

Der Begriff *partnership* im globalen Kontext ist eigentlich eine Erfindung englischer Kolonialpolitiker. Er bezeichnet einen fortgeschrittenen Status auf dem Weg vom *empire,* der von Großbritannien dominierten Welt, zum *commonwealth,* einer Gemeinschaft gleichberechtigter Staaten mit gemeinsamen Idealen und einer Queen oder

29 Vgl. Leon Hadar in: Haaretz, 13.01.2014 (http://kurz.bpb.de/1yn).

einem King an ihrer Spitze. Lothar Bauerochse hat in seinem Buch *Miteinander leben lernen* diese etymologische Linie nachskizziert.

dominion (Herrschaft)	Erstmals 1867 im kanadisches Verfassungsgesetz; Ps 72,8 (KJV: He shall have dominion also from sea to sea) Status der weißen britischen Siedlungsgebiete in Übersee; autonome, gleichberechtigte Gebiete, die nur der brit. Krone unterstellt waren (self government, white commonwealth: Kanada, Neuseeland, Südafrika usw.) Nachteil: Ausgrenzung der afrikanischen und asiatischen Siedlungsgebiete
trusteeship (Treuhandschaft)	Nach 1918: Emanzipationsbewegungen in Asien Teilweise und zeitlich befristete Übertragung von Eigenverantwortung (Wirtschaft) Keine administrative Selbstständigkeit, da es an Erfahrung mangelt. Das Empire bleibt Herr über das politische Geschick der Kolonien. Nachteil: paternalistische Tendenz
indirect rule, paramountey dual Policy (Formen geteilter Herrschaft)	Erste Schritte zur Unabhängigkeit afrikanischer Kolonien Einheimische, traditionelle Führungskräfte erhalten begrenzte Regierungsgewalt (native administration) 1926 Paramountey: Mehrheitsinteressen (Afrikaner) stehen höher als die Minderheitsinteressen der weißen Siedler Dual policy: Einspruch der weißen Siedler und Bestehen auf gleichberechtigter Teilung der politischen Einflussnahme Nachteil: mangelnde Kooperation der weißen Siedler
partnership (Partnerschaft)	1942: wechselseitiges Verhältnis von Königreich und Kolonien Eine Worthülse, die versucht, imperiale Tradition und Reformwille in Einklang zu bringen; letztlich sollen die Grenzen und Ideale des british empire gewahrt bleiben Verschiedene Interpretationsmuster: Im Sinne der dual policy Langsame Integration der Afrikaner in ein weißes System Im Sinne einer Kooperation unabhängiger Partner Nachteil: Begriff ist westlich dominiert und nicht klar definiert

Abb. 3: Koloniale Partnerschaftsmodelle[30]

Nach dem Ersten Weltkrieg mischte sich der schottische Missionar und Förderer der Ökumene Joseph H. Oldham (1874–1969) in die englische Kolonialpolitik aktiv ein. Er war Befürworter der *trustee-*

30 Tabelle erstellt in Anlehnung an: Lothar Bauerochse, Learning to Live Together. Interchurch Partnerships as Ecumenical Communities of Learning, Geneva 2001, S. 88-93.

ship (Treuhänderschaft) und hat das Prinzip der *indirect rule* (indirekte Herrschaft) mit konzipiert. Dass die Entwicklung des kolonialen Partnerschaftsmodells in zeitlicher Nähe zur Weltmissionskonferenz von Whitby im Jahre 1947 steht, lässt erahnen, wie sehr der von westlichen Missionsstrategen gebrauchte Begriff den Schatten des Kolonialen mit sich trug. Dieser Tatbestand ist unter anderem ein Grund dafür, dass dem *terminus* Partnerschaft von den Partnern des Südens mit Argwohn begegnet wird. Das Motto des Internationalen Missionsrates „Partnerschaft im Gehorsam" führte erstmalig dazu, die Einteilung in „christliche" und „nichtchristliche" Länder aufzugeben und damit der Missionstheologie und -praxis neue Wege zu weisen. Doch zeigt zum Beispiel die Interpretation von Stephen Neill, wie sehr „Besserwisserei" des Westens in den Köpfen verankert war. Einerseits lobt er die eigenständige Entwicklung der nichtwestlichen sogenannten Jungen Kirchen. Andererseits stellt er ihnen ein „Unreifezeugnis" aus, da sie nicht in der Lage seien, den immensen Herausforderungen der kirchlichen und missionarischen Arbeit in ihren Ländern alleine gerecht zu werden.[31] Hier schwingt auch eine gewisse Angst des Westens mit. Wenn einheimische Kirchen zu stark sind (oder rhetorisch stark gemacht werden), dann fragt sich der westliche Missionar am Ende: Werde ich als Partner überhaupt noch gebraucht? Diese in die Krise stürzende Frage gilt es zu vermeiden.

Bis in die 1950er-Jahre wurde der Begriff Partnerschaft rein pragmatisch definiert und von Zweckbestimmungen dominiert.

Max Warren[32] hingegen machte Mitte der 1950er-Jahre den Versuch, den Begriff theologisch, das heißt ekklesiologisch, zu füllen und zu begründen.[33]

Die Wiederentdeckung der *missio Dei* seit 1952 (Weltmissionskonferenz in Willingen) führte zu einem neuen missionstheologischen Paradigma, an der sich von nun an auch missionsstrategische Überlegungen orientieren mussten. Wenn Mission im Wesen des trinitarischen Gottes verankert ist, dann darf sie sich folglich nicht

31 Vgl. bei Stephen Neill, Christian Partnership, London 1952, S. 13ff.

32 Warren war in den 1950er-Jahren Missionssekretär der CMS (Christian Missionary Society) und eine prägende Gestalt im Kontext des Internationalen Missionsrates.

33 Vgl. bei Max Warren, Partnership. The Study of an Idea, London 1955, S. 12ff.

mehr primär den Interessen europäischer, afrikanischer oder asiatischer Missionsgesellschaften und Kirchen orientieren. Der Begriff der Partnerschaft muss der *missio Dei* zugeordnet sein (vgl. dazu Kap. 5.3).

Aus missionsgeschichtlicher Perspektive fasst Hans Ulrich Reifler die verschiedenen strategischen Partnerschaftstypen wie folgt zusammen:[34]

- **KOLONIAL:**

Dominomodell: Die Missionsgesellschaft arbeitet im Gastland als eigenständige, souverän agierende Organisation. Im Bereich Gemeinde zum Beispiel gründet sie so viele Gemeinden wie möglich und integriert sie anschließend in einen bestehenden nationalen Gemeindebund oder gründet einen neuen. Dieses Modell arbeitet nach kolonialistischen Denkmustern. Die „fremde Organisation" gibt Strategien vor.

Vorteil: Die Mission handelt strategisch und finanziell unabhängig, theologische Grundlagen werden nicht hinterfragt.

Nachteil: Die Übergabe in eine einheimische Struktur gestaltet sich in der Regel schwierig. In vielen Ländern erhält eine ausländische Missionsgesellschaft nur dann eine Arbeitserlaubnis, wenn sie mit einem nationalen Partner kooperiert.

- **POSTKOLONIAL:**

Partnerschaftsmodell: Nationale und internationale Partner arbeiten gleichberechtigt miteinander. Finanzen werden gemeinsam verwaltet und Strategien gemeinsam umgesetzt. Gemeinden werden gemeinsam gegründet. Es handelt sich um ein postkolonialistisches Modell.

Vorteil: Übergabe ist nicht notwendig.

Nachteil: Mehr kulturelle Anpassung und Flexibilität sind notwendig. Es besteht ein offener Dialog im für den Missionar fremden Kontext.

34 Reifler, Handbuch der Missiologie, S. 494-496.

• **ANTIKOLONIAL:**

Integrationsmodell: Nationale Gemeindeverbände etablieren Strategie- und Planungskommissionen. Missionare werden bei der Umsetzung meist für Spezialaufgaben benötigt und unterstellen sich einer einheimischen Leitungsstruktur.

Vorteil: Es gibt selbstbewusst agierende nationale Partner, die Mission kann sich auf wirkliche Lücken konzentrieren und erhält einen klaren Auftrag.

Nachteil: Der Handlungsspielraum bei schwierigen theologischen oder strategischen Entwicklungen ist eingeschränkt.

5.2 SOZIOLOGISCH: Kollektivität als Grundlage für funktionierende Partnerschaft

Das in der Schöpfungstheologie angelegte Konzept des *homo collectivus* (vgl. näher Kap. 5.4) ist von Soziologen und Kulturwissenschaftlern aufgegriffen und vertieft worden. Kollektive können sich bilden oder werden gebildet (lat. *colligere* – „zusammensuchen", „zusammenlesen"). Das so entstandene soziale Gebilde begründet ihre Gemeinsamkeit auf Normen und Werten. Es entsteht ein Gefühl der Zusammengehörigkeit, das durch Interaktion aufrechterhalten wird. Wenn das Kollektiv in eine organisierte Struktur (Ehe, Familie, Betrieb, Kooperation) eingebunden ist, können gemeinsame Willensentscheidungen und Handlungen bewusst gesteuert werden. Bezeichnend ist, dass sich im Kollektiv der Einzelne der Gruppe unterordnet.[35] Leopold von Wiese[36] bezeichnet unter anderem kirchliche Gemeinschaften als abstrakte Kollektive, da sie von latenten „Dauerwerten" gesteuert werden. Aus diesem Grunde besteht allerdings eine Gefahr: Aufgrund der übergeordneten gemeinsamen Werte wird vorausgesetzt, dass die partnerschaftliche Kooperation gelingt, und die Verschiedenheit

35 „Dein Leben, deine Kraft, deine Schönheit gehören nicht nur Dir, sondern Deinem Volk" (Film: Mandela – Der lange Weg zur Freiheit).

36 Leopold von Wiese, System der Allgemeinen Soziologie als Lehre von den sozialen Prozessen und den sozialen Gebilden der Menschen (Beziehungslehre), Berlin 1933, ^{4}1966.

wird vernachlässigt. Wichtig ist daher, dass Partnerschaften nach den Regeln politischer Kollektive funktionieren, wo gemeinsame Ziele auf der Grundlage von Freiwilligkeit, Gleichheit und Gleichberechtigung erarbeitet und nach dem Konsensprinzip[37] umgesetzt werden. Gegenseitige Hilfe als Alternative zum Konkurrenzprinzip bildet ein weiteres wichtiges Merkmal kollektiver Kooperation. Darüber hinaus bieten Kollektive den Rahmen für gemeinsames Wirtschaften und die Verteidigung gegen Feinde von außen.

Das in der französischen Durkheim-Schule entwickelte Konzept der *consciene collective* (Kollektivbewusstsein) besagt, dass eine Gesellschaft durch gemeinsame geistige Eigenschaften (moralische Vorstellungen, Gewohnheiten, Sprache usw.) geprägt ist. Dazu gehören auch Glaubensvorstellungen und Gefühle, die den Partnern gemeinsam sind.[38]

Die in der Schöpfung angelegte Kollektivität (Kap. 5.4) gründet auf der Tatsache, dass das individuelle Ich nur im kollektiven Wir Sicherheit findet und überleben kann.

Aus der soziologischen Skizze ergibt sich für die Partnerschaft in der Mission, dass Partner nicht mit individuellen, gefestigten Positionen ins Gespräch gehen, sondern dass aufgrund einer Problemlage gemeinsam nach Lösungen gesucht wird, die für alle verbindlich sind. Wichtig ist auch, dass Missionare erkennen: Es geht nicht nur um strategische Ziele für die Missionsarbeit, sondern auch darum, dass Missionare als Menschen im neuen kulturellen Umfeld zurechtkommen und das interkulturelle Kollektiv als soziale Stütze erleben. Das kollektive Bewusstsein ist Grundlage für persönliches Wohlbefinden und gelingende Zusammenarbeit.

37 Vgl. dazu Ralf Burnicki, Anarchismus und Konsens. Gegen Repräsentation und Mehrheitsprinzip. Strukturen einer nichthierarchischen Demokratie, Frankfurt 2002.

38 Vgl. Émile Durkheim, De la division du travail social [1893], Paris ^{7}1960, dt.: Über soziale Arbeitsteilung, ^{3}1988.

5.3 TRINITARISCH: Missio Dei trinitatis – Grundlage für Partnerschaft und Weltoffenheit

Die konkrete Umsetzung der Mission setzt die Identifikation mit Gottes missionarischem Wesen voraus. Die *relationes ad intra* der Trinität stellen den Archetypus von Partnerschaft dar und bestimmen deren Qualität. Im partnerschaftlichen Vollzug der Weltmission nimmt die Gemeinde teil an der Bewegung Gottes in die Welt. Jürgen Moltmann betont daher mit Recht:

> „Die neuere katholische und evangelische Missionstheologie spricht … von der *Missio Dei*, einer Bewegung aus Gott, in der die Kirche entsteht und zu ihrer eigenen Bewegung kommt, die aber über die Kirche hinausgreift und in der Vollendung der Schöpfung in Gott zum Ziel kommt … Daraus folgt, daß die Kirche ihre Weltmission in der trinitarischen Geschichte Gottes mit der Welt versteht … Der missionarische Begriff der Kirche führt zu einer in der Sendung Gottes weltoffenen Kirche, weil er zu einem trinitarischen Verständnis der Kirche in der Geschichte Gottes mit der Welt führt.“[39]

Der kommunitäre Ansatz wird bereits seit den 1970er-Jahren entwickelt und der trinitäts-theologische Ansatz zu einer sozialen Trinitätslehre[40] geformt. Es ist nicht nur die *communio sanctorum* der Gemeinde, die als Spiegel der Trinität dient. Das von Gott selbst vorgegebene Vorbild harmonischer Gemeinschaft zwischen Vater, Sohn und Geist hat Auswirkungen auf das gesellschaftliche Leben und damit auch auf die Gestaltung partnerschaftlicher Kooperation.

Von daher müssen aus der Perspektive der weltoffenen Trinität Partnerschaftsmodelle an ihrem partizipatorisch komplementären

39 Jürgen Moltmann, Kirche in der Kraft des Geistes, München 1975, S. 23-24.

40 Unter Berufung auf die Trinitätslehre Tertullians, das altkirchliche Konzept der Perichorese (Johannes Damascenus) sowie die These des Athanasius, dass der Vater nur deshalb Vater genannt werden kann, weil er einen Sohn hat, haben Theologen wie Pannenberg, Moltmann, Greshake (1988; 1997) und Boff (1987) eine soziale Trinitätslehre entwickelt. Die innertrinitarische *communio* wird zum Vorbild der innergemeindlichen und innerweltlichen *communio*.

Potenzial gemessen werden. Die Weltoffenheit des trinitarischen Gottes eröffnet eine „Mission von unten“ und eine „Mission mit anderen“, die die Pluralität der Welt ernst nimmt und sie aus Liebe zur Welt zu Gott hin transformiert.[41]

Mission gründet in der von Gott ausgehenden *missio Dei* und ist grundsätzlich geprägt von einer doppelten Partizipation. Sie spiegelt sich einerseits in der Teilnahme der Gemeinde an der göttlichen Mission. Andererseits partizipiert die Gemeinde aber auch am Leben der Menschen in ihrer Umgebung.[42] Die Teilnahmefreudigkeit an den Ideen, Fragen und Potenzialen der Partner sowie Offenheit und ehrliche Kommunikation sind Voraussetzungen für gelingende Partnerschaft. Schon innerhalb der Trinität sind diese Merkmale vorgezeichnet. Gemeinschaft, Beziehungsfähigkeit und Partnerschaft können somit mit der *missio Dei* direkt in Verbindung gebracht werden und bilden die theologische Grundlage für gelebte Partnerschaft im globalen Kontext der Missionspraxis.

5.4 SCHÖPFUNGSTHEOLOGISCH: Die Kollektivität als Kennzeichen der *imago Dei*

Während in der abendländischen Theologiegeschichte die *imago Dei* seit der Antike vorwiegend in ihrem Verhältnis zur göttlichen Trinität reflektiert wurde, sind Theologen des globalen Südens eher am soziologischen Aspekt der *imago Dei* interessiert. Im Westen wird vorwiegend das menschliche Wesen samt den Auswirkungen des Sündenfalls (gebrochene *imago Dei*) reflektiert und im Süden vorwiegend die Auswirkungen für das Zusammenleben der Menschen beleuch-

41 Vgl. dazu Martin Voegelins Hinweis auf den lateinamerikanischen Ansatz Escobars in: Martin Voegelin, Die Kirche des Südens bittet zum Tanz. Eine Chance für den Norden; in: em 3, 2011, S. 123-124.

42 Vgl. dazu das von Theo Sundermeier favorisierte Konzept der Konvivenz – Mission heißt, Leben teilen. Es geht dabei um gegenseitigen Respekt, um Dialog und gemeinsames Feiern. Die respektvolle Annäherung darf jedoch nicht zu einer Angleichung der Positionen führen. Vgl. weiter in: Theo Sundermeier, Die Begegnung mit dem Anderen. Plädoyers für eine interkulturelle Hermeneutik, Gütersloh 1991.

tet.[43] Die kollektive Mentalität wird in der Schöpfungsgeschichte der Menschen (Gen 1–2) deutlich. Die pluralistische intendierte Aussage „Lasst uns [einen] Menschen machen“ (Gen 1,26-28) deutet darauf hin, dass Überleben und die produktive Ausgestaltung des Kulturmandats als Individuum nicht machbar sind. *Ha-adam* (der Mensch) wird hier meines Erachtens wohl repräsentativ für die Menschheit anzusehen sein. Diese kollektiv soziale Dimension wird verstärkt durch die Dualität von Mann und Frau, durch die in Genesis 2,18.20 implizierte Notwendigkeit, sich zu ergänzen, und durch den Auftrag, sich zu vermehren. Diese grundlegenden Faktoren sind wesentliche Aspekte der *imago Dei*. In Genesis 4,17ff wird darüber hinaus deutlich, wie auf der Basis des kollektiven Miteinanders Kulturschaffen möglich wird (Städtebau, Viehwirtschaft, Musik und Kunst). In der *imago Dei* spiegelt sich somit die innertrinitarische Kooperation von Vater, Sohn und Geist, die auf gegenseitige Ergänzung und Kreativität basiert. Aus der schöpfungstheologischen Perspektive ergibt sich, dass Frauen und Männer aus unterschiedlichen Kulturen gleichberechtigt sind und partnerschaftlich Ideen zusammentragen, wie sie die gemeinsame Arbeit gestalten können, und diese umsetzen. Dies gilt auch für den Kontext missionarischer Arbeit.

43 Irenäus und später auch Clemens von Alexandrien und Origenes haben zwischen Ebenbild (*imago*) und Ähnlichkeit (*similitudo*) unterschieden. Dies wurde nötig, da sich der Status des Menschen nach dem Sündenfall verändert hatte und seine ursprüngliche Gottesebenbildlichkeit zerbrochen war. Der Mensch hatte sich, so die lateinischen Theologen, von der göttlichen Vollkommenheit und Ursprünglichkeit so weit entfernt, dass eine ontische Neuorientierung nötig wurde. Augustinus (in Aurelius Augustinus: *De trinitate*, u. a. Buch XII, 7; Buch XIV, 8; Buch XV, 22) hat diese Unterscheidung grundsätzlich übernommen und die Ebenbildlichkeit des Menschen von seinem äußeren Verhalten gelöst und die *imago* lediglich auf die trinitarisch strukturierte *mens* (*mens rationalis*: *sapientia* [Weisheit], *notitia* [Kenntnis], *dilectio* [Liebe]) bezogen. Damit ist der Mensch nach wie vor empfänglich für göttliche Impulse, in seinem Verhalten aber von seiner sündigen Natur beeinflusst. Diese Auffassung hat die Theologiegeschichte nachhaltig beeinflusst. Seit der Renaissance und der Zeit der Aufklärung wird die *imago Dei* als theologische Grundlage für die Menschenwürde betrachtet.

5.5 CHRISTOLOGISCH: Partnerschaft als Teilhabe an Christus

Der Begriff Partnerschaft geht auf das anglo-frankofone Wort *parcener* (engl. *parcener*, franz. *parçonier*, lat. *partitio*, dt. *Partner*) zurück. Gemeint sind hier Personen, sie sich zum gleichen Anteil ein Erbe oder einen Besitz teilen. Dies bedeutet: Keiner der beteiligten Partner bestimmt die Größe des Erbes oder übernimmt selber die Verteilung. Die Masse, an der er Anteil erhält, gehört ursprünglich nicht ihm. Das Stichwort Miterbe bringt Max Warren nun in Verbindung mit der paulinischen Aussage in Römer 8,17.[44] Christen sind nicht Miterben an dem, was sie in eine Partnerschaft einbringen, sondern sie stehen gemeinsam und auf gleicher Ebene unter Christus und sind Miterben Christi. Paulus zeichnet eine Linie, die von der Kindschaft zur Erbschaft führt. Die partnerschaftliche Mitte ist somit nicht ein ausgehandelter Kompromiss, der sich aus einem „strategischen Tauziehen" ergibt. Die Mitte existiert *extra nos* in Christus. Er ist der Stifter des gemeinsamen Erbes. Somit sind Partner gleichberechtigte Miterben. Die Miterbschaft ist eine Folge der Kindschaft und führt in der Praxis zum gemeinsamen Leiden und zur himmlischen Verherrlichung durch Gott. Keiner wird Kind oder Erbe aus freiem Willen. Beides wird ihm von außen zugeeignet.

Grundsätze gelingender Partnerschaft sind laut Warren: Offenheit, Verantwortung und Verbindlichkeit. In Gottes Handeln mit Schöpfung und Menschen werden diese Aspekte deutlich. Gelingende Partnerschaft wird durch Partizipation an Christus garantiert. Christen definieren das Wesen ihres Glaubens durch die Teilnahme (Partizipation) an dem, was Christus grundlegend bewirkt hat. Aus der christologischen Perspektive ergibt sich, dass Partner in der Weltmission im Kontext vor Ort gemeinsam nach dem Willen Gottes fragen. Diese gewonnene Erkenntnis ist sozusagen das gemeinsame Erbe, das geteilt und

44 Vgl. die Darstellung der Diskussion bei Bauerochse, Miteinander leben lernen, S. 78ff; Philip Neil Groves, A Model for Partnership. DPh, University of Birmingham 2009, S. 22-36. Groves untersucht in seiner Dissertation das partnerschaftliche Verhältnis zwischen Paulus und der Gemeinde in Philippi und überträgt die Erkenntnisse auf die Theologie und Praxis der Anglikanischen Kirche.

in der Praxis verwaltet wird. Von daher kann es nur biblisch zu legitimierende, aber keine strategischen oder zeitlichen Vorgaben geben, die den einen Partner als Ideengeber und den anderen als Empfangenden einer vorgegebenen Strategie hinstellen. Ein biblisches Prinzip wäre zum Beispiel die Eigenverantwortlichkeit einer Gemeinde, die ihren biblischen Auftrag wahrnimmt (Mission, Jüngerschaft, Lehre); eine strategische Vorgabe hingegen, dass sich diese Gemeinde in einer bestimmten Form und ab einem „vom starken Partner" festgelegten Zeitpunkt zu konstituieren oder Gelder nach vorgegebenen Kriterien zu verwalten hat.

Miterbe (Partner) zu sein bedeutet im missionarischen Kontext, dass der Weg gemeinsam gegangen wird und mögliche Hindernisse im Kollektiv überwunden werden.

5.6 EKKLESIOLOGISCH: Die Gemeinde Jesu als Rahmen gelebter Partnerschaft

Im folgenden Abschnitt werden biblische Konzepte der Ekklesiologie auf ihre Bedeutung für die partnerschaftliche Kooperation in der Weltmission hin untersucht.

5.6.1 Koinonia

Das griechische Konzept der *koinonia* (lat. *communio*) ist der zentrale Begriff für die ekklesiologische Begründung von Partnerschaft. Nach der theologischen Überzeugung wird die Gemeinde als Schöpfung Gottes verstanden. Gleiches gilt für die Gemeinschaft: Sie kann als wesentliches Merkmal des Zusammenlebens in der Gemeinde nur verstanden werden, wenn sie eine Gemeinschaft ist, die an Christus Anteil hat. Erst wenn sie in Jesus Christus eingegliedert ist, wird gelingende Gemeinschaft möglich. Ähnlich wie bei der Stellung als Miterben Christi (Kap. 5.5) wird Partnerschaft nicht nur als pragmatische Verständigung auf horizontaler Ebene definiert, sondern dadurch, dass sie vertikal an Christus angebunden ist. Welche Konsequenzen es gibt, wenn interkulturelle Partnerschaftsprozesse gelingen, liegt auf der Hand. Nur in der gemeinsamen Unterordnung unter Christus können sich die Partner auf fruchtbare Weise einander zuwenden. Ideen werden in der geistlichen, seinsmäßigen Anbindung an Christus bedacht und gemeinsam werden Wege im gegenseitigen Respekt umgesetzt.

Koinonia impliziert Gegenseitigkeit und partnerschaftliche Lebensgestaltung. Kulturell relevante Gestaltung von Partnerschaft soll laut Eila Helander und Wilson B. Niwagila das gemeinsame Leben und den gemeinsamen Besitz in Verbindung setzen zu den Aspekten der Gerechtigkeit, Beziehung, Freundschaft und Gleichheit.[45]

Lebensstil, spirituelle Ausrichtung, gemeinsames Arbeiten, Essen und Feiern sind wesentliche Bestandteile, die Partnerschaft im Sinne der *koinonia* beeinflussen und prägen.

Koinonia ist die Basis gelingender Partnerschaft. Sie ist …

- biblisch belegbar (z. B. Apg 2,42; 1Kor 11,23-25; 10,16);
- historisches Bekenntnis der Gemeinde Jesu als Gemeinschaft der Heiligen (*sanctorum communio*);
- mit den Lebensphilosophien der Kulturen des globalen Südens kompatibel (Ganzheitlichkeit, Einbindung des Individuums ins Kollektiv, Verbundenheit der sichtbaren mit der unsichtbaren Welt);
- Ausdruck der Verbundenheit der Ortsgemeinde mit der weltweiten Gemeinde Jesu.

Manas Buthelezi[46] sieht in der Gottheit die Grundlage für die Lebensgestaltung, die auf der *koinonia* gründet. Er lehnt den Begriff Partnerschaft als Äquivalent für *koinonia* ab. Partnerschaft tendiert dazu, lediglich die Zusammenarbeit, die Verwaltung von materiellen Ressourcen und das Erreichen strategischer Ziele zu betonen.[47]

Aus diesem Grund kritisiert er auch die Position derer, die über geistliche Gaben aus der Dritten Welt reden als Austausch zu den materiellen Gaben aus Europa und Amerika. Er sieht die Gefahr, dass dieser „partnerschaftliche Austausch“ letztlich vom finanziellen Aspekt dominiert wird.

45 Eila Helander / Wilson B. Niwagila, Partnership and Power. A Quest for Reconstruction in Mission, Erlangen 1996, S. 87.

46 Buthelezi (geb. 1935) ist südafrikanischer Lutheraner und einflussreicher Mitbegründer der Black Theology in seinem Land.

47 Vgl. Bauerochse, Miteinander leben lernen, S. 235f.

Letztlich bedeutet *koinonia*, sich in die Gemeinschaft derer einzuklinken, die Christus nachfolgen. Nur Christus ist in der Lage, Menschen gemeinschaftsfähig zu machen und Personen aus unterschiedlichen kulturellen Hintergründen, mit unterschiedlichen individuellen Merkmalen und Gaben zusammenzuführen für das Wohl eines Kollektivs.

Das zu teilen, was wir in Christus sind, führt letztlich dazu, dass wir das teilen, was wir haben. Nur im Geiste der *koinonia* können die strategischen Rollen der Partner definiert werden. In diesem Sinne kann Partnerschaft gelingen in „a community of believers who share in equal partnership the spiritual, physical and material benefits" (Übersetzung: „einer Gemeinschaft von Gläubigen, die in einer gleichberechtigten Partnerschaft geistliche, physische und materielle Errungenschaften teilen").[48] Partnerschaft kann nicht funktionieren, wenn jeder seine Eigenständigkeit und Unabhängigkeit betont, sondern nur, wenn sie im Geiste der Interdependenz gelebt wird.

Partnerschaft im Kontext des im vorigen Abschnitt dargestellten Konzepts von *koinonia* geht es nicht darum, Ressourcen aufzuteilen, sondern um ganzheitliche Teilnahme und um das Miteinander-Teilen.

5.6.2 Leib Christi

Das paulinische Bild des menschlichen Körpers (1Kor 12) als Metapher für das Zusammenspiel der Mitglieder am Leib Jesu spricht für sich. Der Körper ist seinem Haupt untergeordnet. Aus diesem Geist der „Fremdbestimmung" durch das Haupt der Gemeinde entwickeln die Körperteile eine konstruktive Art, um sich gegenseitig zu helfen, Rücksicht aufeinander zu nehmen und gemeinsam zu wachsen. Jeder ist auf jeden angewiesen, auch wenn es auf den ersten Blick nicht so erscheinen mag, „dass Ohren und Füße aufeinander bezogen sind".

Die Tatsache, dass die schwachen Glieder des Leibes besonders geehrt werden (1Kor 12,23), wirft ein besonderes Licht auf Partnerschaftskonstellationen und den Geist der Zusammenarbeit im interkulturellen Kontext. Festzuhalten ist hier jedoch, dass die Partner des

48 Helander/Niwagila, Partnership and Power, S. 89.

globalen Südens nicht *per se* schwach und die aus dem Nordwesten *per se* stark wären. Technologische Standards und Finanzkraft sind bei Weitem nicht die einzigen Kriterien, an denen Stärke und Schwäche gemessen werden dürfen, obwohl dies aus nördlicher und südlicher Perspektive oft sehr einseitig geschieht.

Das Bild vom Körper zeigt, wie sehr Kooperation das Wesen der Gemeinde ausmacht. Die Gesundheit des Kollektivs und das Leben zur Ehre des Hauptes stehen im Mittelpunkt und nicht individuelle Zielsetzungen eines bestimmten Teils des Körpers. Diese Grundeinsicht gilt es, im täglichen Miteinander der Partner im missionarischen Kontext durchzubuchstabieren.

5.6.3 Konvivenz

Neben den genannten biblischen Konzepten soll eine praxisgestützte Idee aus dem Kontext der Weltmission kurz zur Sprache kommen. In den basisgemeindlichen Strukturen in Lateinamerika und Südwestafrika ist das Konzept der Konvivenz entstanden.[49] Gründe dafür sind die Bindung an Christus und die Erfahrung der innerweltlichen Bezogenheit aufeinander. Das Konzept dient nicht nur dazu, Sinn und Zweck missionarischen Handelns an sich zu definieren, sondern auch die Qualität partnerschaftlicher Kooperation im missionarischen Kontext. Partnerschaft bedeutet demnach, das Leben ganzheitlich zu teilen und so eine Basis der Vertrautheit zu schaffen, die die gemeinsame Umsetzung von Projekten und Veränderungsprozessen ermöglicht.

Theo Sundermeier sieht in der Konvivenz die grundlegende Idee der „Kirche mit anderen" verankert. Die Kirche darf sich demzufolge nicht als geistliche Bürgergesellschaft isolieren, um punktuell „für

49 Der Begriff „Konvivenz" bezeichnet eine Form der auf Gegenseitigkeit beruhenden Nachbarschaftshilfe in eher dörflichen Strukturen. Vgl. Theo Sundermeier, Konvivenz als Grundstruktur ökumenischer Existenz heute; in: Wolfgang Huber / Dietrich Ritschl / Theo Sundermeier (Hg.), Ökumenische Existenz heute, Bd. 1, München 1986, S. 49-100; Theo Sundermeier, Konvivenz: Ein Modell für Europa?; in: International Journal of Orthodox Theology 3:2, 2012, S. 33ff. „Die Befreiungstheologie und die Kirchen sprachen von der Notwendigkeit der ‚convivencia', ein Begriff, der wie das Spanische ‚Convivialidad' die Erfahrung des Zusammenlebens kleiner Gemeinschaften spiegelt" (Sundermeier, Konvivenz, S. 35).

andere“ da zu sein (vgl. Bonhoeffer: Kirche für andere). Gerade im weltmissionarischen Kontext wird mit dem Selbstbewusstsein einer „Kirche für andere“ das Helfersyndrom des Westens verstärkt und die Förderung[50] lokaler Initiativen vernachlässigt. Der soziologische Rahmen der Konvivenz liefert Aspekte, die so im Begriff der Partnerschaft nicht impliziert sind. Partnerschaft bezeichnet zunächst nur den äußeren Rahmen einer strategischen Kooperation. Konvivenz hilft hingegen, die Qualität von Partnerschaft von innen heraus zu beschreiben. Leben teilen, Solidarität üben und Partei für die Schwachen ergreifen sind wesentliche Merkmale der Konvivenz. Dies gelingt nur durch einen Perspektivwechsel (so Bauerochse), der bewusst die Position des „anderen“ einnimmt. Projektorientierte Partnerschaft läuft Gefahr, einseitig in das Leben des anderen einzugreifen, ohne vorher das Leben mit ihm geteilt und von ihm gelernt zu haben.[51] Partnerschaft in der Weltmission darf nicht darauf reduziert werden, Ziele strategisch umzusetzen und einander zu assistieren. Sie muss auf Gegenseitigkeit beruhen, und diese schließt das Voneinander-Lernen unbedingt mit ein.

Sundermeier fasst die Notwendigkeit des gemeinsamen, partnerschaftlichen Lernens wie folgt zusammen:

> „Die Basisgemeinden sind Lerngemeinschaften. Hier gibt es nicht im strengen Sinn Lehrer, die den Unwissenden etwas beibringen, sondern jeder bringt sein Wissen ein, da jeder in seiner Biographie unverzichtbares Wissen, lebensdienliches und lebensgefährdendes angesammelt hat. Es geht dabei um die Ermutigung, sich mitzuteilen, seinen Erfahrungsschatz als so wertvoll anzusehen, dass er mitgeteilt werden muss. So wird der Einzelne zum Subjekt, der erkennt, welches Gewicht Arbeit, Leid, Geschlechtlichkeit, Handwerk und nicht zuletzt Religion haben und jeden, aber auch jeden Menschen zum erfahrungsgesättigten Weisheitslehrer in der Gemeinschaft macht.“[52]

50 Im Sinne von *empowerment*: Ermächtigung, Übertragen von Verantwortung.

51 Vgl. dazu Kameetas Statement in Bauerochse, Miteinander leben lernen, S. 408.

52 Sundermeier, Konvivenz, S. 36.

„Kirche mit anderen“ ist gekennzeichnet durch drei Merkmale: *Wir helfen einander, wir lernen voneinander, wir feiern miteinander.* Diese ekklesiologischen Merkmale sind folglich auch konstituierend für gelingende und effiziente partnerschaftliche Kooperation in der Weltmission.

6. Globale Perspektiven von Partnerschaft

6.1 Afrikanische Perspektiven

Die unter 5.1 skizzierten Vorstellungen von Partnerschaft haben einen entscheidenden Nachteil. Sie gründen auf der Initiative und Macht des Westens. Sie dienten nicht in erster Linie afrikanischen, sondern englischen Zwecken. Wenn in einem nichtwestlichen Kontext Partnerschaft gelingen soll, dann müssen die Konzepte und Werte, die in diesem Kontext gelten, dominieren und die Definition und Applikation von partnerschaftlicher Kooperation determinieren. Im Folgenden werden einige afrikanische Vorstellungen von Partnerschaft aufgeführt.

6.1.1 Ostafrika

Umoja: Das Konzept der Umoja bringt in der ostafrikanischen Sprache Kisuaheli zum Beispiel das zum Ausdruck, was wir im Deutschen mit Partnerschaft übersetzen würden. Umoja ist geprägt von Einheit und Einigkeit, von Harmonie, und es basiert auf einer Mentalität der Verbundenheit (*alliance*) und einer Struktur des Einander-zugewandt-Seins (*association, togetherness*). „Umoja setzt voraus, dass Partner sich auf der gleichen Ebene begegnen, eine gemeinsame Sprache sprechen und sich genügend Zeit nehmen, um gemeinsam Ideen zu sammeln, sie auszuwerten und sich auf den Weg zu einem gemeinsamen Ziel zu machen. Umoja bedeutet auch, dass man gemeinsam feiert, tanzt, gemeinsam lacht. Menschenorientierung und Zielorientierung sind ausbalanciert“, so erklärte mir der Kenianer Felix Kibogo sein Verständnis des Umoja-Konzepts. Die Parallelen zur lateinamerikanischen Idee der Konvivenz liegen auf der Hand (vgl. 5.6.3).

Umoja impliziert, dass Partner ihr Leben miteinander teilen. Partnerschaftliche Zusammenarbeit im Geist der Umoja verbietet es, dass Ideen von außen importiert werden und der Versuch gestartet wird, den Partner davon zu überzeugen. Ideen, Visionen und Pläne entstehen vielmehr dort, wo die Partner sich in die Augen schauen können, wo Vertrauen gewachsen ist und wo die Pläne schließlich auch gemeinsam realisiert werden sollen.

Ujamaa: Auf politischer Ebene hat sich in Tansania das in der Arusha-Deklaration von 1967 beschriebene und von Julius Nyerere umgesetzte Ujamaa[53]-Konzept durchgesetzt. Es wird auch als Afrikanischer Sozialismus bezeichnet. Die Bewohner entlegener, kleinerer Höfe und Dörfer werden zu Dorfgemeinschaften zusammengefügt. Die Merkmale dieser auf partnerschaftlicher Kooperation basierenden Gemeinschaften sind: gegenseitige Achtung, gemeinsames Eigentum und Verpflichtung zur Arbeit. In der kirchlichen Zusammenarbeit hat sich dieser Begriff bisher nicht durchgesetzt.[54] Die Lebensgemeinschaft dient hier als Rahmen und Grundlage einer Arbeitsgemeinschaft. Es wäre spannend zu untersuchen, ob dieses afrikanische kommunitäre Modell als Vorbild für die Zusammenarbeit zwischen afrikanischen Partnern und Missionaren dienen könnte oder ob es als zu anspruchsvoll und damit impraktikabel erscheint.

Usiano: Dieser Begriff meint im tansanischen Kontext Freundschaft. Er gilt als eine afrikanische Alternative zum englischen *partnership*. Auch dort, wo *partnership* benutzt wird, klingen in der Erklärung eher afrikanische Konzepte mit.

Die bisherigen Varianten aus dem ostafrikanischen Kontext tendieren dazu, den Begriff Partnerschaft durch Freundschaft (*friendship*) und Gemeinschaft (*fellowship*) zu ersetzen. Sie klingen weniger „geschäftlich und strategisch“ und betonen die menschliche Komponente des gemeinsamen Unterwegsseins.

53 Swahili: Dorfgemeinschaft, Familie, Familiensinn und Gemeinschaftssinn.

54 Bauerochse, Miteinander leben lernen, S. 429.

6.1.2 Westafrika

Meine eigene Erfahrung in Westafrika besagt: Ein Ziel schnell und effektiv zu erreichen, ist weniger wichtig, als es gemeinsam zu erreichen. Wesentlich für gelingende Kooperation ist es, dass Partner sich auf einen gemeinsamen Rhythmus geeinigt haben.

Im Kontext der Bambara-Kultur existieren verschiedene Begriffe, die das Wesen von Partnerschaft zum Ausdruck bringen.

Balimaya: Brüderlichkeit, Verwandtschaft, familiäre und auch spirituelle Verbundenheit. Hier kommt zum Ausdruck, dass eine Gemeinschaft gemeinsam das Leben bewältigt, weil sie von Natur aus zusammengehören – ohne projekt- und zielorientierte Fremdbestimmung. (Glaubens-)Geschwister leben in einer verwandtschaftlichen Beziehung, die intuitiv gegenseitige Verantwortung mit sich bringt. Die Beziehung wird nicht gewählt, sondern ist vorgegeben.

Jekulu: Sich zusammenfinden, sich einigen, um gemeinsam im Team Ideen zu entwickeln und in die Praxis umzusetzen. Der Akzent liegt auf der Tatsache, als Team zusammen unterwegs zu sein. Eine weitere Variante stellt die *jenyogonya* dar. Dieser Begriff betont, dass Menschen in der Gemeinschaft einander zugewandt sind.

Ton: Der Begriff entstammt dem traditionellen westafrikanischen Kastendenken. Durch einen Initiationsritus werden, nach Geschlechtern getrennt, Menschen in eine Gemeinschaft aufgenommen. So gibt es in Mali beispielsweise den Chiwara-Ton, der sich der gemeinsamen Feldarbeit widmet, oder den Donzo-Ton, der aus Jägern besteht, die meist eine eigene rituelle Sprache sprechen. Die einzelnen Ton verlieren zwar zunehmend an Bedeutung, doch die dahinter stehende Idee einer durch Initiation eingeschworenen Gruppe, die einander treu ist, ist in der Bambara-Kultur weiterhin präsent. Der Fokus liegt auf gemeinsamen Werten, für die man durch Wort und Tat eintritt. Eine besondere Variante des Ton ist der Muso-Ton. Er besteht in der Regel aus einer Gruppe von Frauen, die füreinander sorgen. In christlichen Gemeinden ist es Usus, dass Frauen monatlich einen von allen festgelegten Betrag in eine Kasse einzahlen. Die Summe wird jeweils an ein Mitglied des Ton ausgezahlt und für ein bestimmtes Projekt im privaten Bereich genutzt. Die transparente Kassenführung fördert das Verantwortungsgefühl.

6.2 Partnerschaft und Kulturverständnis im afrikanischen Kontext

Aus einer von Ralph I. Schubert und Louise Kretzschmar veröffentlichten Studie[55] geht hervor, dass auf Leitungsebene Kultur, Charakter und Theologie einander beeinflussen und eine entscheidende Rolle im partnerschaftlichen Miteinander spielen. Der Charakter wird von kulturellen und christlichen Werten[56] geprägt, die jedoch unterschiedlich stark betont werden (prinzipienorientiert im Westen versus beziehungsorientiert in Afrika).[57] Auch der Umgang mit Macht spielt im partnerschaftlichen Miteinander von Leitern aus verschiedenen Kulturen eine große Rolle. Westliche Leiter legen Wert auf Autorität, die ihnen qua Amt zusteht. Leiter aus Tansania betonen beziehungsorientierte Vertrauenswürdigkeit, Ehrlichkeit und Solidarität als Quellen ihrer Autorität.[58] Partner aus dem Westen und aus Afrika wenden unterschiedliche Konfliktstrategien an.[59]

Die verschiedenen kulturell geprägten Stile von Leiterschaft haben jeweils ihre Stärken und Schwächen und bestimmen auf unterschiedliche Art und Weise das Klima der partnerschaftlichen Zusammenarbeit.[60]

Zwischenfazit und Erwartungen

- Partnerschaft im globalen Kontext ist auf internationalen Austausch und Komplementarität angewiesen. Dies bedeutet, dass auch westliche Partner lernen müssen, ihre Bedürfnisse gegenüber den nationalen Partnern zu artikulieren (*sharing in mission*).
- Die einseitige Betonung des wirtschaftlichen Aspekts wird aufgrund des Ungleichgewichts zwischen Nord und Süd dazu führen, dass Gleichwertigkeit zwischen den Partnern nur schwer zu erzielen ist.
- Partnerschaft lebt nur im Zusammenhang von reziprokem Geben

55 Schubert/Kretzschmar, Auf dem Weg, S. 59ff.
56 Schubert/Kretzschmar, Auf dem Weg, S. 72f.
57 Schubert/Kretzschmar, Auf dem Weg, S. 65f.
58 Schubert/Kretzschmar, Auf dem Weg, S. 67f.
59 Schubert/Kretzschmar, Auf dem Weg, S. 68f.
60 Vgl. das Fazit in: Schubert/Kretzschmar, Auf dem Weg, S. 74f.

und Nehmen. Es gilt, Abschied zu nehmen vom kolonialen Geber-Empfänger-Schema.

- Partnerschaftliche Abkommen beziehen die ganzheitlichen Aspekte des Lebens und der gemeinsamen Arbeit ein.
- Partnerschaft gelingt nur, wenn kulturelle Eigenarten und Identitäten (Kollektivität – Individualität, Besitz und Teilen u. a.) bekannt und berücksichtigt werden.
- Zu einer erfolgreichen Partnerschaft gehören Vertrauen (z. B. verantwortlicher Umgang mit Ressourcen), permanente Kommunikation auf Augenhöhe (prozesshaft von der Ideensammlung bis zur Ausführung), ganzheitliche Verbundenheit (gemeinsam feiern, positive und negative Erfahrungen teilen) und Teamgeist (Blick füreinander haben, einander fördern und Know-how teilen).[61]

7. Partnerschaftsoptionen von Gemeinden und Missionsgesellschaften im weltmissionarischen Horizont

7.1 Theologische Perspektiven zum Verhältnis zwischen Gemeinden und Missionsgesellschaften

Die partnerschaftliche Kooperation im Kontext der transkulturellen Mission ist ein Ausdruck von Solidarität und wesensmäßiger Verbundenheit der weltweiten Gemeinde Jesu. Weltmission ist damit die der Gemeinde zukommende Aufgabe, sich in den Prozess der Globalisierung einzuklinken (Mt 24,24; 28,19-20 u. a.).

Es ist wichtig, das Verhältnis von paraekklesialen Strukturen (Missionsgesellschaften) und Gemeinden nicht nur pragmatisch zu ordnen, sondern auch theologisch zu reflektieren.

George W. Peters betont die logische Priorität der Gemeinde im Verhältnis zur Missionsgesellschaft wie folgt:

> „Es muss aber auch festgehalten werden, dass im Idealfall die Gemeinde und nicht die missionarische Sendungsstelle als solche die

61 Vgl. dazu Elisa Padilla, Sind wir Partner? Und warum?; in: em 2, 2013, S. 102.

Autorität und Schöpfung Gottes zur Aussendung von Missionaren ist … Missionsgesellschaften sind Werkzeuge der Gemeinden … Sie können die Gemeinde weder verdrängen noch ersetzen … Missionare, Ortsgemeinden und Missionsgesellschaften gehören organisch zusammen und müssen in einer harmonischen und kooperativen Weise zusammen funktionieren …"[62]

Aus theologischer Sicht sind Missionare Diener der Weltkirche und Missionsgesellschaften paraekklesiale Organisationen mit einer Dienstfunktion für die weltweite Gemeinde Jesu.

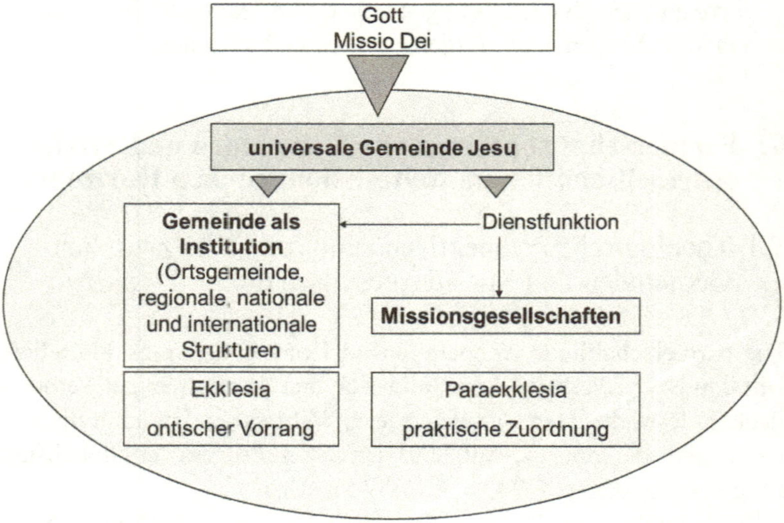

Abb. 4: Gemeinde und Missionsgesellschaft

Dies bedeutet:

- Die Missionsgesellschaft übernimmt einen Teil des missionarischen Mandats, das der Gemeinde von Gott anvertraut wurde.

62 George W. Peters, Missionarisches Handeln und biblischer Auftrag. Eine Theologie der Mission, Bad Liebenzell 1985, S. 261.

- Sie ist Teil der universalen Gemeinde, aber gleichzeitig Dienerin der Ortsgemeinden im Heimat- und Gastland.
- Das Beispiel von Johannes dem Täufer in seinem Verhältnis zu Jesus Christus kann als Analogie für das Verhältnis zwischen Gemeinde und Missionsgesellschaft dienen (vgl. Joh 1,23: Johannes der Täufer als Wegbereiter Jesu).
- Joh 1,29-34: Analog zu den Aussagen von Johannes dem Täufer steht das Wachstum der Gemeinde im Vordergrund, zu dem die Missionsgesellschaft beitragen kann.
- Lk 7,18-20: Analog zum „fragenden und demütigen“ Verhalten von Johannes soll sich auch die Missionsgesellschaft gegenüber der sendenden und gegründeten Gemeinde verhalten, auch wenn der Weg der Gemeinde nicht in allen Details nachvollzogen werden kann.
- Die Gemeinde hat theologischen Vorrang vor der Missionsgesellschaft, die eine funktionale Rolle übernimmt.
- Die Missionsgesellschaft spricht ihre Pläne und Strategien mit der Gemeinde ab und reduziert im Gastland ihren Einfluss.
- Das Verhalten mancher Gemeinden, in den Missionsgesellschaften einen Partner gefunden zu haben, an den die weltmissionarische Verantwortung delegiert werden kann, ist aufgrund der theologischen und historischen Fakten zu hinterfragen.

7.2 Weltmissionarische Kooperation der Gemeinden im globalen Kontext

Die weltmissionarische Verantwortung, das heißt der den lokalen Rahmen sprengende Einsatz der Gemeinde als Partner im globalen Kontext, geschieht unter anderem in folgenden Bereichen:

- Globales Bewusstsein schärfen; ein verstärktes politisches Bewusstsein entwickeln, das in die Übernahme geistlicher und praktischer Weltverantwortung mündet.
- Konstruktives Nachdenken und Mitwirken daran, wie im lokalen und globalen Kontext Evangelium weitergesagt werden kann und Gemeinden gegründet werden können.

- Die Herausforderungen der interkulturellen Begegnung im eigenen Umfeld wahrnehmen.
- Beitrag zum materiellen Ausgleich zwischen Armen und Reichen innerhalb der weltweiten Gemeinde Jesu leisten.
- Internationale Vernetzung von theologischen Ausbildungsstrukturen und Gemeindeverbänden.
- Bildung von nationalen und internationalen Netzwerken (AEM).
- Fusion von Missionswerken, die in der gleichen Region arbeiten, um die Einheit zu fördern und Ressourcen einzusparen.
- Nutzung weltweiter Plattformen, um das weltmissionarische Bewusstsein zu schärfen und den Austausch praktischer Ideen zu fördern.

7.3 Gemeinde und Weltmission im Heimatland

Hinweise für die Gestaltung der Partnerschaft zwischen Gemeinden und Missionsgesellschaften im Heimatland:

Aufgaben der Ortsgemeinden:
- Gemeinden schaffen ein weltmissionarisches und ökumenisches Bewusstsein durch Predigten, Seminare und laufende Berichterstattung aus der weltweiten Missionsarbeit.
- Gemeinden etablieren einen Missionsarbeitskreis als eigenständiges Diakonat mit personeller Verzahnung in die Gemeindeleitung.
- Gemeindeleitungen achten darauf, dass das weltmissionarische Engagement regelmäßig bei Besprechungen vorkommt.
- Die Gemeinden definieren Kriterien, wie die partnerschaftliche Kooperation mit Missionsgesellschaften und deren Missionaren gestaltet werden kann, die mit letztgenannten Partnern diskutiert werden.
- Es wäre zu überlegen, den in unseren Kreisen gebräuchlichen Terminus der Patenschaft durch den der Partnerschaft zu ersetzen. Im Patenschaftsmodell erfolgt laut Definition die Übernahme der Fürsorgepflicht freiwillig und funktioniert einseitig (so bei Kinderpatenschaften). Patenschaft klingt eher familiär und impliziert im missionarischen Kontext vornehmlich die geistliche und finanzielle

Fürsorge für einen „Schutzbefohlenen“ seitens der Gemeinde, die aber *de facto* an eine Missionsgesellschaft delegiert wird. In der Praxis der internationalen Missionsarbeit stellt sich die Situation jedoch anders dar. Die Profiteure der finanziellen Unterstützung, das heißt die Missionare und Missionsgesellschaften, fühlen sich in keiner Weise als Schutzbefohlene, sondern als erwachsene Akteure und selbstbewusste Partner.

- Partnerschaft als Alternativbegriff klingt daher angemessener und impliziert eine konstruktive, verantwortungsvolle Verpflichtung des Mitdenkens und Handelns seitens der Gemeinde, die damit den gleichen Stellenwert einnimmt wie die Missionsgesellschaft und deren Missionare.
- Gemeinden halten Ausschau nach begabten Menschen, die sich für die Arbeit im interkulturellen Missionsdienst eignen, und begleiten aktiv deren Berufungs- und Sendungsprozess.
- Gemeinden initiieren Kontakte und Besuche mit Partnergemeinden vor Ort. Eventuelle Anfragen, wie Projekte gestaltet und finanziert werden können, werden mit den Missionaren vor Ort und der Missionsgesellschaft abgesprochen.
- Missionare, die unterstützt werden, haben die Gelegenheit, ihre Arbeit bei öffentlichen Veranstaltungen vorzustellen (klassischer Reisedienst).
- Missionare werden eigenständige Partner der sie unterstützenden Gemeinden (Vereinbarungen zur Art der Zusammenarbeit und Kooperation).
- Missionare werden von Gemeindeleitungen eingeladen, um die Arbeit im Gastland gemeinsam auszuwerten und die weitere Zusammenarbeit abzusprechen.

7.4 Missionsgesellschaft und Partner im Gastland

Grundsätze für gelingende Partnerschaft zwischen Missionsgesellschaft und Partnern im Gastland:

- Die Missionsgesellschaft verpflichtet sich dazu, Ideen, deren Umsetzung und die Entsendung von Missionaren mit den Partnern im

Gastland abzusprechen und sich den gemeinsam getroffenen Entscheidungen unterzuordnen. Gemeinsame Absprache ist mehr als die Kommunikation von Vorgaben.

- Die Hauptaufgabe der Leitungsgremien einer Missionsgesellschaft sollte sich auf die logistische Unterstützung der weltweiten Arbeit konzentrieren. Die strategische Leitung der Missionsarbeit soll wegen der kulturellen und sozialen Nähe in den Gastländern verwurzelt sein.
- Die Leitungskompetenz der Missionare soll verstärkt geschult werden.
- Der Grundsatz des sanften Moratoriums (d. h. der vom Missionar gewollte und gesteuerte Rückzug) ermöglicht es, lokale Initiativen zu fördern, und reduziert die Dominanz westlichen Personals.
- Die Entwicklung zu einer gleichberechtigten Partnerschaft auf Augenhöhe darf nicht dem Zufall überlassen, sondern muss durch konkrete Maßnahmen auch seitens der Missionsgesellschaft gefördert werden (initiative Rolle, Moment des Rückzugs, assistierende Begleitung, vgl. Abb. 5).
- Das gemeinsame Arbeiten darf nicht darauf reduziert werden, strategische Ziele zu erreichen und Finanzen bereitzustellen. Es sollte durch gemeinsames Leben und Feiern erweitert werden.
- Westliche Partner in der Weltmission müssen von sich aus darauf achten, dass ihre finanziellen und strategischen Privilegien nicht zu einer Machtfülle heranwachsen, die eine gleichberechtigte Kooperation mit Partnern aus dem globalen Süden erschweren. Die Bereitstellung und Verwaltung von Spendengeldern darf nicht durch überzogene Kontrolle und strategische Vorgaben überlagert werden.

Zwischenbemerkung:
Während der im März 2013 von der AM organisierten Strategiekonferenz haben sich Mitglieder der Gremien und leitende Missionare aus den Arbeitsgebieten unter anderem Gedanken zum Thema „Partnerschaft mit Partnern in den Ländern“ gemacht.[63] Auffällig am Vorgehen

63 Vgl. dazu das Protokoll der Konferenz vom 25.03.2013 (Leitung: Jochen Riemer; Protokoll: Sven Eißele).

ist, dass die Reflexion einseitig aus der Perspektive der AM geschah und keine Partner aus den Gastländern anwesend waren bzw. deren Positionen nicht sichtlich berücksichtigt wurden. Unter dem Punkt „Prinzipien guter Partnerschaft“ wurde unter anderem darauf hingewiesen, dass Missionare der AM in den nationalen Kirchenleitungen im jeweiligen Gastland vertreten sind. Die Frage, ob die Mitgliedschaft in einem nationalen Kirchengremium prinzipiell notwendiger Bestandteil einer gut funktionierenden Partnerschaft ist oder ob dies lediglich ein empirischer Erfahrungswert ist, bleibt zunächst offen. Von den einen, seien es Missionare oder einheimische Leiter, wird eine solche Mitarbeit wohl grundsätzlich oder zeitlich befristet gewünscht, von den anderen aber eher als ein Hindernis auf dem Weg angesehen, dass die Partner eigenständig werden.[64]

Die Mitarbeit von Missionaren in Gremien nationaler Organisationen ist immer auch eine Frage des Umgangs mit Macht und Einfluss, von Vertrauen und Transparenz und der Gefahr nachhaltiger strategischer und finanzieller Abhängigkeit. Missionare sollten meines Erachtens darauf hinarbeiten, dass dieser Einfluss reduziert wird bzw. zeitlich beschränkt bleibt.

Die folgende Aufstellung visualisiert den Prozess der Machtreduzierung vom Status der Dominanz bis zur Interdependenz.

64 So die Einschätzung von Erhard Michel, Leiter der AM, der an der Strategiekonferenz teilgenommen hat.

1. Kreative Dominanz der Mission Mission übernimmt Initiative zur Erschließung eines neuen Arbeitsgebietes zur Verkündigung des Evangeliums und Gründung von Gemeinden.
2. Kultivierende Dominanz der Mission Gemeinden werden gegründet, erste Strukturen geschaffen und Christen geschult.
3. Integrative Dominanz der Mission Mission ergreift die Initiative zur Integration der jungen Gemeinden in ihre eigene Struktur; Einbeziehung in den gemeinsamen Entscheidungsprozess.
4. Paritätische Kooperation Langsame Entwicklung einer Gemeindestruktur; gleichberechtigte Besetzung der Gremien; gemeinsame missionarische Aktionen.
5. Subordinative Kooperation Die Arbeit der Mission wird in die Kirchenstrukturen voll eingeordnet; Missionare assistieren; ihre Mitsprache auf legislativer Ebene wird reduziert.
6. Kreative Dominanz der Gemeinde Die Gemeinde ergreift Initiative; Missionare assistieren bei der Umsetzung auf nationaler Ebene; es kommt zu kulturübergreifenden missionarischen Aktivitäten; Partnerkirche hat Mitbestimmungsrecht in der IML der Mission.
7. Subordinative Assistenz Missionare assistieren nur noch punktuell in einzelnen Arbeitsbereichen in der Partnerkirche oder auf nationaler Ebene (z. B. Ev. Allianz).
8. Interdependenz Partnerkirchen sind international vernetzt; bilaterale Abkommen (finanzielle Assistenz, theologischer Austausch, zwischenkirchliche Partnerschaften usw.).

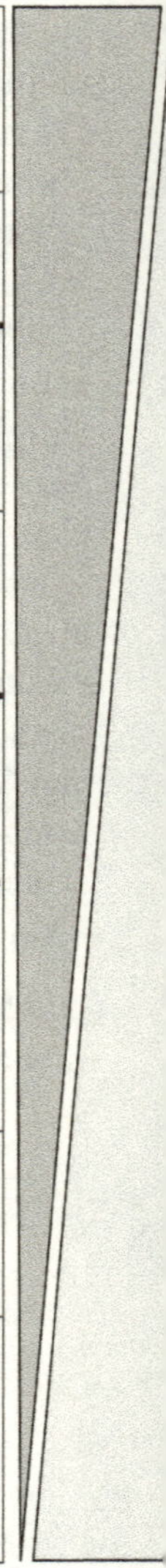

Abb. 5: Prozess der Machtreduzierung

Beispiel 1: UEPEM[65] in Mali

Die AM startete 1988 erste Versuche (Evangelisation, Hauskreisarbeit) im Bereich der Gemeindearbeit. Ideen und Strukturen wurden von der AM entwickelt und vorgegeben (1.). Seit Beginn wurden malische Pastoren in diese Strukturen integriert (2. und 3.). Dieser Prozess führte zur Gründung eines malischen Gemeindebundes (UEPEM) im Jahre 1992. Die rechtliche Anerkennung als eingetragener Verein (*association*) erfolgte 2002. Die AM hat in diesem Zeitraum darauf geachtet, Initiativen im Bereich der Gemeindearbeit in den Rahmen der allgemeinen Zielsetzungen der UEPEM einzuordnen (4. und 5.). Die Gemeinden wurden immer selbstbewusster und haben eigene Strategien der Gemeindeentwicklung eingebracht und umgesetzt (6.). Die Reduzierung des Personals und die politischen Entwicklungen in Mali in den 2000er-Jahren ließen das gemeindliche Selbstbewusstsein erstarken. In Zukunft werden Missionare nur noch punktuell assistieren und dabei helfen, von der Gemeinde gewünschte Strategien umzusetzen (7.). Weitere Aspekte wie die Kooperation mit der AM auf internationaler Ebene, die Integration in internationale Netzwerke sowie die Gestaltung zwischenkirchlicher Partnerschaften waren bisher nicht im Blickfeld.

Beispiel 2: FATMES[66] in Mali

Die in der Abbildung 5 beschriebenen Phasen lassen sich nicht nur auf Gemeindeentwicklungen, sondern auch auf andere Projekte anwenden. Die FATMES wurde im Jahre 2001 gegründet. Seit 1997 gab es einen integrativen Prozess der Ideenentwicklung, der 1998 in die Gründung eines malischen Trägervereins (APFT – Verein zur Förderung der theologischen Ausbildung in Mali) mündete. Die gemeinsame Arbeit setzte also mit Punkt 4 (paritätische Kooperation) ein. Die Idee und die Strategie zur Gründung der FATMES entstanden nicht im Westen oder am Schreibtisch eines Missionars, sondern während

65 UEPEM – Union des Eglises Protestantes au Mali: Verband ev. Gemeinden in Mali, die mithilfe der Allianz-Mission gegründet wurden; heute: ca. 40 Gemeinden, die von 20 malischen Pastoren geleitet werden.

66 FATMES – Faculté de Théologie et de Missiologie Evangélique au Sahel (Fachschule für ev. Theologie und Missionswissenschaft im Sahel, Sitz: Bamako, Mali).

einer nationalen Konferenz in Mali und daraufhin im Rahmen eines überkonfessionell besetzten Arbeitskreises. Im Moment der Vereinsgründung wurden alle Mitglieder (Gemeindeverbände, Missionsgesellschaften) gleichberechtigt zugeordnet und die Mitglieder ordneten sich gemeinsam erarbeiteten Visionen und Ziele unter. Die Rechenschaftspflicht, auch der Missionare, erfolgte nicht nur gegenüber ihrer Missionsgesellschaft, sondern vor allem gegenüber den Vereinsgremien und innerhalb der Strukturen der FATMES und des APFT. Der Verein übernahm somit die „kreative Dominanz" (Punkt 6) bei der Strukturierung und nachhaltigen Entwicklung der Arbeit. Von Anfang an wurde Wert darauf gelegt, dass Missionare zwar mitarbeiten, die Arbeit aber nicht mehrheitlich dominieren können. Auch die finanzielle Unterstützung seitens der westlichen Partner beschränkte sich vorwiegend auf den Bau der schulischen Infrastruktur. Die Gelder, die eine funktionierende Schule benötigte, wurden durch Schulgebühren und Mitgliedsbeiträge der Vereinsmitglieder aufgebracht. Sowohl der Trägerverein als auch die FATMES werden seit 2006 von Afrikanern geleitet.

7.5 Gemeinde und Mission im Gastland

Die Bildung zwischenkirchlicher bzw. projektorientierter Partnerschaften ist grundsätzlich eine wertvolle Option, da sie der weltweiten Gemeinde Jesu ein konkretes Gesicht verleiht. Wie entstehen zwischenkirchliche Partnerschaften im Kontext der Weltmission? Eigene Beobachtungen und Untersuchungen von Lothar Bauerochse[67] im ökumenischen Raum ergeben, dass zwischenkirchliche Partnerschaften und interkulturelle Initiativen meist auf folgende Aspekte zurückgeführt werden können:

- Von Gemeinden initiierte Partnerschaftsprojekte haben einen starken persönlichen Charakter (Mali: Deutsche Geschäftsleute treffen einen malischen Pastor in der Schweiz. Daraus entsteht zunächst eine lokal begrenze medizinische Arbeit und später in Kooperation

67 Vgl. Bauerochse, Miteinander leben lernen, S. 193ff.

mit der Ev. Allianz Malis eine ganzheitliche Missionsarbeit). Weitere Varianten: Missionare laden Vertreter aus Gemeinden ein; private Reisen in Gastländer werden unternommen; Vertreter aus Gemeinden des globalen Südens besuchen Gemeinden im Norden/Westen. Missionsgesellschaften im evangelikalen Raum stehen solchen partnerschaftsorientierten Beziehungen in Gastländern, wo bereits eine Arbeit besteht, eher zurückhaltend gegenüber.

- Von Instituten initiierte Partnerschaftsprojekte im Bereich der Bildung (Schulpartnerschaften); theologische Ausbildungsstätten des Westens schaffen Plattformen der Kooperation (Hilfen bei der Gestaltung von Curricula; Austausch von Dozenten und interkulturelles Lernen; Auslandspraktika; Ausstattung von Bibliotheken; Stipendien usw.).
- Privatpersonen schließen sich zu Arbeitskreisen oder Vereinen zusammen, um Projekte in einem Land des globalen Südens zu starten und zu gestalten. Oft stehen bei der Festlegung der Vereinszwecke persönliche Eindrücke und Ambitionen im Vordergrund. Grundsätzliche entwicklungspolitische Aspekte, missionstheologische und missionsstrategische Überlegungen bzw. kulturrelevante gesellschaftliche Einordnungen der Initiativen werden eher zufällig reflektiert bzw. von Beginn an einseitig und dauerhaft festgelegt. Diese Partnerschaftsprojekte sind das „Hobby" von engagierten Personen und zu sehr auf einen kleinen Kreis reduziert. Gemeindeleitungen werden selten einbezogen bzw. ergreifen keine Initiativen.
- Die Motive für das oben genannte private Engagement beruhen auf zwei Säulen: Mission soll konkret erlebbar sein und unmittelbares missionarisches Engagement der kurzen Wege soll ohne missionsgesellschaftliche oder kirchliche Strukturhürden ermöglicht werden.

Partnerschaften von Ortsgemeinden im Gastland bergen Chancen, die die Verbundenheit der weltweiten Gemeinde Jesu zum Ausdruck bringen können.

- Ökumenisches Bewusstsein für die Realitäten der weltweiten Gemeinde Jesu und der damit verbundenen Weltverantwortung wird geweckt.

- Die Integration von Mission und Kirche wird gefördert.
- Das traditionelle Missionsengagement im Ausland und das missionarische Engagement der Gemeinde im Heimatland werden wiederbelebt.
- Es wird ein weltpolitisches Bewusstsein für globale Probleme geschaffen (z. B. im Nord-Süd-Konflikt).
- Es entsteht konkrete Solidarität und Völkerverständigung.
- Der Kritik an der traditionellen Mission kann durch die Anschauung und Mitgestaltung vor Ort begegnet werden.
- Das basismissionarische Engagement der Gemeinde fördert das Rekrutieren von Personal und Spendengeldern.
- Gemeinden im Süden fühlen sich durch direkte zwischenkirchliche Begegnungen als eigenständige Gemeinden gewürdigt.

Wegen der mangelnden Kenntnis der örtlichen Gegebenheiten können aber auch Gefahren auftreten, die die Nachhaltigkeit und Ausgewogenheit des missionarischen Engagements gefährden.

- Grundlagen der Partnerschaft werden einseitig seitens des westlichen Partners erarbeitet und kommuniziert und letztlich vorgegeben.
- Partnerschaft wird auf finanzielle Unterstützung reduziert. Gemeinden des Südens sehnen sich danach, an den Errungenschaften der westlichen Zivilisation Anteil zu haben.
- Andererseits sehen sich Gemeinden des Südens nicht gerne nur in der Rolle des Nehmers. Sie betrachten es argwöhnisch, wenn missionarisches Engagement auf Geldtransfer beschränkt bleibt und die „Gebergemeinden“ selber geistlich stagnieren und in ihrer Umgebung nicht missionarisch unterwegs sind.
- Partnerschaft im Sinne eines ganzheitlichen Austauschs, des Gebens und Nehmens kann wegen der kulturellen und geografischen Distanz schwerlich realisiert werden.
- Gemeinden laufen eventuell Gefahr, die bereits bestehenden Absprachen zwischen Missionaren und Gemeinden im Gastland zu unterlaufen oder zu überlagern.
- Einseitiges Engagement kann zu Neid, Abhängigkeiten und zu Unruhe innerhalb des Gemeindeverbandes führen.

- Gemeinden des Westens sind oftmals vom Helfersyndrom geprägt und entwickeln unbewusst ein zivilisatorisches Sendungsbewusstsein (Bauerochse).

In Bezug auf zwischenkirchliche Partnerschaften stellen sich grundsätzliche Fragen:

- Besteht seitens der Gemeinden des Nordens und des Südens überhaupt der Wunsch, zwischenkirchliche Partnerschaften auf der Basis des gegenseitigen Gebens und Nehmens langfristig zu gestalten?
- Wie kann der seit 1947 in Whitby bestehende Grundsatz der „Partnerschaft im Gehorsam" konkret werden? Wie gelingt eine weltmissionarisch-ökumenische Zusammenarbeit zum gemeinsamen Zeugnis und Dienst in der Welt?
- Sind Missionsgesellschaften bereit, ihre interkulturelle Erfahrung mit Ortsgemeinden zu teilen und ihnen Partnerschaftsprojekte zu ermöglichen?

7.6 Missionsgesellschaft als Wegbereiter konstruktiver Partnerschaft

Die bisherige gängige Praxis, zumindest im evangelikalen Kontext, besteht darin, dass Gemeinden die weltmissionarische Verantwortung an Missionsgesellschaften delegieren. Alle wichtigen Vereinbarungen werden im Gastland oder in den Büros der Missionsagenturen besprochen. Dadurch kommt es zu keinen zwischenkirchlichen Begegnungen und ein weltmissionarisch-ökumenisches Bewusstsein entsteht nur sehr schwer. Von Gleichwertigkeit in der weltmissionarischen Partnerschaft kann eigentlich nur dann gesprochen werden, wenn sich gleichwertige Partner begegnen. Dies ist aber im klassischen Verhältnis zwischen Missionaren/Missionsgesellschaften und Gemeinden des globalen Südens meist nicht gegeben.[68]

68 Vgl. Bauerochse, Miteinander leben lernen, S. 240: „Die Dominanz westlicher Missionsinstitutionen in den Beziehungen zu den Kirchen des Südens sollte aufgebrochen werden durch zwischenkirchliche Beziehungen, die auf Gleichwertigkeit und Gegenseitigkeit beruhten und die Gemeindegliedern sowohl in den übersee-

Um diesem Trend entgegenzuwirken, wären folgende Maßnahmen hilfreich:

- Missionsgesellschaften verstehen sich als Katalysatoren im praktischen Vollzug der Weltmission.
- Die Missionsgesellschaft sucht aktiv die Kommunikation mit engagierten Gemeinden und eröffnet den Gemeinden Plattformen, wo sie mitsprechen und mithandeln können. Arbeitskreise und Think-Tanks werden geschaffen und ergänzen die formelle Mitgliedschaft (Hauptversammlung).
- Missionsgesellschaften erweitern die Möglichkeiten der finanziellen Unterstützung von Projekten im Gastland. Private Initiativen und Partnerschaftsprojekte werden konstruktiv begleitet (z. B. Radfahren für Mali, Weidenhausen).
- Missionsgesellschaften ermöglichen zwischenkirchliche Begegnungen und Partnerschaften auf Augenhöhe (z. B. Begegnung von Leitungskreisen und Besuche).
- Missionsgesellschaften schaffen eine Atmosphäre des konstruktiven Austauschs und der Mitsprache bei strategischen Fragen, die ihre Länder betreffen. Somit werden die „Grußwort-Kultur" und die punktuellen Auftritte bei Konferenzen abgelöst. Besuche von leitenden Mitarbeitern der Partnerorganisationen werden zum Ideenaustausch genutzt.

8. Schluss

Obwohl der Begriff der Partnerschaft dem kolonialen Denken entspringt und von Partnern des Südens kritisch hinterfragt wird, ist er dennoch geeignet, den Rahmen für die verschiedenen Kooperationsmodelle im weltmissionarischen Kontext zu beschreiben. Voraussetzung ist jedoch, dass er theologisch und unter Berücksichtigung der kulturellen Varianten begründet und gefüllt wird. Eine bloß pragmatisch-technische Nutzung des Begriffs greift zu kurz.

ischen wie in den deutschen Kirchen die Möglichkeit gaben, an der Missionsarbeit zu partizipieren."

Partnerschaft soll grundsätzlich als Lern- und Lebensgemeinschaft begriffen werden. Die Gefahr einseitiger strategischer und finanzieller Dominanz seitens des westlichen Partners ist nach wie vor gegeben. Ebenen des gemeinsamen Lebens, Lernens und Feierns müssen verstärkt gesucht und kreativ gestaltet werden. Der Missionsgesellschaft kommt hier eine katalysatorische Rolle zu, indem sie lokale Initiativen im Gastland und weltmissionarisches Engagement seitens der Gemeinden im eigenen Land fördert und konstruktiv begleitet.

Kommunikation des Evangeliums im multioptionalen Kontext

Globale Perspektiven

Johannes Reimer

1. Verkündigung des Evangeliums im bunten Deutschland, aber wie?

In Deutschland leben wir fast überall in multikulturellen und multioptionalen Räumen. In einer Gesellschaft, in der jeder fünfte Einwohner Migrationshintergrund aufweist, sollte das auch niemand mehr verwundern.[1] Längst leben Muslime und Hindus, Animisten und Buddhisten nicht mehr fernab in der weiten Welt, sondern auf der anderen Straßenseite. Wir treffen sie auf der Straße, beim Einkaufen, in den Kindergärten, Schulen und auf der Arbeit. Die anderen gehören längst zu uns, ob wir das wahrhaben wollen oder nicht. Und dann hat sich unsere Gesellschaft längst in Milieus aufgeteilt.[2] Da reden wir zwar alle deutsch, gehören auch irgendwie zum gleichen Kulturraum, und doch trennen uns unsichtbare Grenzen voneinander.

Das Gelingen unseres Zusammenlebens hängt wesentlich davon ab, ob wir miteinander in ein fruchtbares Gespräch kommen. Und das schließt auch das Gespräch über den Glauben mit ein – bestimmt doch gerade die Religion entscheidend die Welt des Denkens und Handelns der Menschen. Damit eröffnen sich Möglichkeiten zur Evangelisation.

1 Laut Statistischem Bundesamt lebten im Jahre 2012 16,3 Millionen Menschen mit Migrationshintergrund in Deutschland. Siehe: https://www.destatis.de/DE/ZahlenFakten/GesellschaftStaat/Bevoelkerung/MigrationIntegration/Migrationshintergrund/Migrationshintergrund.html (Zugriff am 01.03.2014).

2 Zu den Milieus in Deutschland siehe: http://www.sinus-institut.de/loesungen/sinusmilieus.html (Zugriff am 01.03.2014). Zur Korrelation Milieus–Kirche siehe unter anderem: Wolfgang Vögele / Wolfgang Bremer / Michael Vester (Hrsg.), Soziale Milieus und Kirche, Würzburg 2002.

Multioptionale Lebensräume sind spirituell-dynamische Räume. Längst entstehen auch bei uns alternative religiöse Vorstellungen, die man unter dem Stichwort „Patchwork-Religiosität" zusammenfasst. Die Evangelische Zentralstelle für Weltanschauungen warnt die Kirchen davor, das Phänomen zu übergehen.[3] Doch während bei uns die alternative religiöse Szene blüht, tun wir uns als Kirchen und Freikirchen enorm schwer, im multioptionalen Raum christliche Akzente zu setzen. Anderswo in der Welt gelingt das schon eher. Warum geht das in Asien, Afrika und Lateinamerika oder auch in Kanada oder Großbritannien und bei uns nicht? Und was können wir von der globalen Kirche lernen? Im Folgenden gehen wir diesen Fragen nach. Dabei gilt es zu klären:

(a) wie die Kommunikation des Evangeliums im Prinzip funktioniert, (b) was wir unter einem multioptionalen Kontext verstehen und (c) wie man anderswo in der Welt das Evangelium erfolgreich in multioptionalen Räumen verkündigt. Ich gehe nun in meinem Beitrag den drei Themenbereichen nach, kläre sie, so weit in der Kürze möglich, und zeichne zum Schluss Perspektiven für Evangelisation und Gemeindebau für die Freien evangelischen Gemeinden in Deutschland auf.

2. Kommunikation des Evangeliums

Wer theologisch von der Kommunikation des Evangeliums spricht, redet über *Verkündigung* des Evangeliums und bezieht sich auf Vorbild und Befehl Jesu. Er, Jesus, verkündigte das Evangelium vom Reich (Mt 4,17) und gab seinen Jüngern den gleichen Auftrag. Wie der Vater ihn gesandt hatte, so wurden auch sie von ihm gesandt (Joh 20,21). Wer das Evangelium kommuniziert, verkündigt.

Doch was bedeutet das? Heißt das, dass alle Kommunikation des Evangeliums letztendlich verbal vorgetragen werden muss? So und nicht anders hat man in Luthers Gefolge Verkündigung verstanden.

3 Reinhard Hempelmann, Patchwork-Religiösität. Ein Thema von bleibender Aktualität; in: http://www.ekd.de/ezw/Publikationen_zeitgeschehen_patchwork-religiositaet_ein_thema_von_bleibender_aktualitaet.php (Zugriff am 18.02.2014).

Danach ist Verkündigung: Predigt, aus der der Glaube kommt. Konsequent übersetzt Luther daher auch: „Der Glaube kommt aus der Predigt“ (Röm 10,17). Für Luther ist Verkündigung allem anderen voran eine verbale Proklamation. Unbekümmert übersetzt er unzählige Kommunikationsbegriffe des Neuen Testaments mit einem einzigen Wort – Predigt.[4] Damit gewann die Predigt jene überragende Bedeutung, wie sie sie bis heute in evangelischen Kreisen hat. Seit Luther will die Frage nach der Priorität der verbalen Verkündigung daher auch nicht von der Tagesordnung der Missionstheologie weichen. Bis in die neuere Zeit, so in der Lausanner Verpflichtung,[5] hält man hartnäckig an einer solchen Priorisierung der Rede als Kommunikationsmittel fest. Die jahrzehntelange Debatte um das Verhältnis zwischen Evangelisation und sozialer Verantwortung unterstreicht das Problem.[6] Dabei lässt sich eine solche Loslösung des Wortes von der Tat bei Jesus, auf den wir uns ja alle beziehen, nicht feststellen. Es ist geradezu umgekehrt: Wort und Tat gehören in der Verkündigung Jesu zusammen. Gerade diese Korrelation macht den Unterschied zwischen seiner und der Verkündigung der Pharisäer und Schriftgelehrten aus (Mt 7,29). Jesus handelte und erklärte dann seine Taten, er sprach und ließ Taten folgen. In seinem Dienst wird das Wort Fleisch, sichtbar und anfassbar, und so können Menschen, denen er das Evangelium kommuniziert, die Herrlichkeit Gottes sehen. Dieses Kommunikationsprinzip Jesu wird im Johannesprolog grundsätzlich beschrieben (Joh 1,1-12). Seine Verkündigung ist also inkarnativer Natur. Sein, Tat und Wort gehören hier aufs Engste zusammen.[7]

Und wie der Meister, so die Jünger. Sie sind berufen, Licht der Welt und Salz der Erde zu sein durch die guten Werke, die sie vor den

4 Horst Albrecht, Predigen. Anregungen zur geistlichen Praxis, Stuttgart/Berlin 1985.

5 Siehe Artikel 4 der Lausanner Verpflichtung; in: http://www.lausannerbewegung.de/data/files/content.publikationen/55.pdf (Zugriff am 15.02.2014).

6 Zur Diskussion siehe: Erhard Berneburg, Das Verhältnis von Verkündigung und sozialer Aktion in der evangelikalen Missionstheorie. Unter besonderer Berücksichtigung der Lausanner Bewegung für Weltevangelisation, Wuppertal 1997.

7 Siehe hierzu meine Ausführungen in Johannes Reimer, Leben. Rufen. Verändern. Chancen und Herausforderungen gesellschaftstransformativer Evangelisation heute. Transformationsstudien Bd. 5, Marburg 2013, S. 227ff.

Menschen tun, damit diese ihre Werke sehen und den Vater im Himmel preisen (Mt 5,13-16). Sie verkündigen, indem sie sind, tun und reden. Und ihre Worte erklären, was sie sind und was sie tun.[8] Petrus ist dafür ein klassisches Beispiel. Er heilt den Lahmen vor der schönen Pforte des Tempels und sieht sich danach gezwungen, den staunenden Zeugen des Heilungswunders zu erklären, was da passiert ist (Apg 3,1–4,5). Fünftausend Menschen kommen durch seine Verkündigung zum Glauben. Tat (Heilung) und Wort (Predigt) gehören hier eng zusammen. Ja, Verkündigung muss in diesem Fall aus beidem begriffen werden.

In der missionarischen Kommunikationstheorie benutzen wir heute einen differenzierten Begriff für die Kommunikation des Evangeliums. Sie umfasst demnach (a) passive und aktive präsentische Verkündigung wie Sein und Tat, (b) situative Verkündigung wie seelsorgerlichen Beistand und (c) proklamative, verbale Verkündigung. Wobei präsentische Verkündigung im Lebensvollzug geschieht, situative in Notsituationen seelsorgerlichen Beistand leistet und proklamative das Evangelium verbal erklärt.[9]

Diesen weiten Begriff der Kommunikation des Evangeliums nutze ich hier für meine Darstellung. Wir fragen demnach: Wo und wie und mit welchem Erfolg wird in multioptionalen Räumen das Evangelium durch Lebenszeugnis, diakonischen Einsatz und Proklamation weitergegeben? Und wir reden damit über ganzheitliche Kommunikation, die weniger als Einzelaktion, sondern eher als Prozess zu denken ist.[10] Eine andere hätte übrigens im interkulturellen Gespräch auch kaum Aussicht auf Erfolg, zu unterschiedlich gesetzt sind da Wege und Mittel sinnvoller Kommunikation in den jeweiligen Kulturen. Wo in der einen Kultur Worte den Weg zum Herzen des anderen definieren, werden in der anderen solche Worte den Weg möglicherweise für immer blockieren. Da sind dann eher andere Formen der Kommunikation von

8 Zum ganzheitlichen Charakter der Verkündigung siehe die Diskussion in: Johannes Reimer, Leiten durch Verkündigung. Eine unentdeckte Dimension, Gießen [2]2004, S. 20-31.

9 Reimer, Leben. Rufen. Verändern, S. 227-237.

10 Reimer, Leben. Rufen. Verändern, S. 237-238.

Vorteil.[11] Wer in solchen Kontexten erfolgreich kommunizieren will, wird Kommunikation aus der Sicht der jeweiligen Kultur betreiben müssen.[12] Fehlerhafte Kommunikation lässt immer darauf schließen, dass die jeweilige Kultur nur unvollständig verstanden wurde.[13] Natürlich erarbeitet man sich ein solches Verständnis nur dank der Kommunikation. Thomas Bauer spricht an dieser Stelle von einer „blended theory", die einen Prozess der kommunikativen Annäherung zwischen den Kulturen voraussetzt. Infolgedessen verbessert sich die Kommunikationsfähigkeit in dem Maß, wie das Kulturverständnis wächst.[14] Man lernt, gut zu kommunizieren, indem man sich dem Kommunikationsfeld nähert und beginnt zu kommunizieren. Es ist deshalb unerlässlich, den Kontext, den wir mit dem Evangelium zu erreichen suchen, zu verstehen.

Als überaus hilfreich erweist sich in diesem Zusammenhang das von Luther in die Homiletik eingeführte Prinzip der Kondeszendenz, der *Herablassung* des Verkündigers auf den am wenigsten verstehenden Hörer. Nach Luther ist es die Erfassungsfähigkeit des Schwächsten, an dem sich der Prediger in seinen Worten zu orientieren habe.[15] In multioptionalen Räumen ist dieser Schwächste ähnlich wie bei Luther der Mensch, der sozial, kulturell oder auch generationsbezogen auf einer anderen Stufe steht.[16]

11 Siehe zur Vielfalt solcher Ausdrücke zum Beispiel: Gunter Gebauer / Christoph Wulf, Spiel, Ritual, Geste. Mimetisches Handeln in der sozialen Welt, Reinbek 1998.

12 Zur Beziehung zwischen Kultur und Kommunikation siehe unter anderem: Thomas A. Bauer, Vom Strukturblick zum Kulturblick. Entwürfe zu einem Blended Theory-Modell; in: Matthias Karmasin / Carsten Winter (Hrsg.), Kulturwissenschaft als Kommunikationswissenschaft. Projekte, Probleme und Perspektiven, Wiesbaden 2003, S. 127-167.

13 Thomas A. Bauer, Culture of Diversity. A Theoretical Orientation for the Cultural Practice of Social Cooperation; in: http://www.thomasbauer.at (Zugriff am 15.02.2014).

14 Bauer, Culture of Diversity.

15 Zum Prinzip Luthers siehe Albrecht, Predigen, S. 18ff.

16 Albrecht, Predigen, S. 19.

3. Die multioptionale Welt verstehen

3.1 Was sind multioptionale Räume?

Wir interessieren uns für Kommunikation in multioptionalen Kontexten. Doch was ist ein multioptionaler Lebensraum? Wie entstehen solche Räume und wie sind sie beschaffen? In seinem Buch mit dem bezeichnenden Titel *Die Multioptionsgesellschaft* beschreibt Peter Gross diese als Gesellschaft mit einer bunten Fülle unterschiedlicher kultureller, sozialer und religiöser Angebote, in der das Individuum immer wieder angehalten ist, Grenzen zu überschreiten und sich für das Neue und zuweilen gar Fremde zu entscheiden.[17]

Multioptionsgesellschaften entstehen infolge globaler Migrationsbewegungen und einer sich weitgehend ökonomisch und kulturell öffnenden Welt. Globalisierung fördert Multioptionalität, weil sich dadurch sowohl Kulturen als auch soziale Bevölkerungsschichten auf engen Räumen zusammenfinden. Ein zweiter, nicht unwesentlicher Faktor bei der Entstehung solcher sozialer Kontexte ist die Urbanisierung. So ziehen heute Millionen von Menschen vom Land in die Stadt auf der Suche nach einem besseren Leben und landen hier in einer bunten Welt von Kulturen und Glaubensüberzeugungen.

3.2 Dynamik multioptionaler Räume

Multioptionale Kontexte sind nicht einfach Ansammlungen von Menschen unterschiedlicher Kulturen. Multioptionale Räume entstehen, weil alle Kulturen über bestimmte Strategien verfügen, wie sie sich den sich verändernden Verhältnissen anpassen können.[18] Kulturen, Religionen und Gesellschaftsschichten sind programmatisch durchlässig. Aufstiegs- und Absturzoptionen gehören dazu. Multioptionale Räume sind deshalb überaus dynamische und kreative Gebilde. Hier entstehen neue Sprach- und Kunstformen, neue

17 Peter Gross, Die Multioptionsgesellschaft, Berlin 2005, Einleitung.

18 Siegfried J. Schmidt, Geschichten & Diskurse. Abschied vom Konstruktivismus, Reinbek 2003, S. 34.

Überzeugungen und religiöse Konstrukte. Eine multioptionale Gesellschaft ist im Prinzip offen, Neues in sich aufzunehmen und Neues entstehen zu lassen.

Dabei folgen die meisten Kulturen einem gewissen Adaptionsschlüssel, dem eine bestimmte Logik innewohnt. Adaption an neue Verhältnisse folgt, so bescheinigt es uns die moderne interkulturelle Kommunikation, drei logischen Schlüssen des betroffenen Individuums. Das Individuum nutzt diese als Orientierungshilfe bei seinen Entscheidungen.

(a) Logik der Ethik. Gemeint ist eine sozial etablierte Orientierungshilfe, die dem Handeln der Menschen Sinn und Wert verleiht. Das ethische Grundverständnis, nicht selten religiös bestimmt, entscheidet im Wesentlichen, ob man sich für eine Annäherung an die neue Option entscheidet oder nicht. Der Betroffene wird fragen: Ist das im Rahmen meiner Moral und Ethik verantwortbar und komme ich so unbeschadet persönlich weiter?
(b) Logik der Ästhetik. Gemeint ist eine kulturtypische Orientierungshilfe, die über gewisse Zeichen und Symbole dem menschlichen Handeln Wert und Sinn verleiht. Man denke da nur an die Begrüßungszeremoniale in manchen Kulturen. Der Betroffene wird also fragen: Mache ich mich mit der Übernahme neuer Formen verständlich, beliebt oder schaffe ich eher Spannungen und Missverständnisse?
(c) Logik der Pragmatik. Gemeint ist eine sozial etablierte Orientierungshilfe, die dem Betroffenen hilft, über Erfolg und Misserfolg des Handelns zu urteilen. Er oder sie wird fragen: Was verspreche ich mir davon, wenn ich die neue Option wähle?

Erst nach einer positiven Beantwortung solcher Fragen wird erwogen, die eigene Vorstellung an die neue Option anzupassen.

In multioptionalen Räumen sind Übernahmen andersgelagerter Vorstellungen an der Tagesordnung. In der Kommunikationstheorie unterscheidet man zwischen gemeinsamer, gruppenbezogener und paralleler Übernahme. Während man sich im ersten Fall grundsätzlich auf eine gemeinsame, für alle Einwohner eines Lebensraumes geltende

Grundlage einigt, finden sich im zweiten bestimmte Interessengruppen zusammen, die gemeinsame Nenner finden. In der dritten sortiert sich der soziale Raum in Parallelgesellschaften, wobei sie einander aus dem einen oder anderen Grund stehen lassen. Und während sich im ersten Fall ein integrierter Lebensraum entwickeln kann, entfalten sich im zweiten gute Voraussetzungen dazu. Im letzten Fall kommt es zur sogenannten Diaspora, einer Parallelgesellschaft, einer kulturellen Insel, die jedoch mit anderen ähnlichen Inseln außerhalb des konkreten Lebensraumes verbunden ist. In einer solchen Diaspora ist man sowohl zu Hause als auch fremd.[19] Man findet in ihr Heimat und fühlt sich doch in der Fremde. Eine Diaspora fördert glokale Identitäten.[20]

3.3 Bedeutung der Kommunikation

Anpassung an Neues, Übernahme des Fremden in das eigene Bild, Schaffung völlig neuer Identitäten – all das verdankt der multioptionale Raum im Wesentlichen der Kommunikation. Gelungene Kommunikation im sozialen Raum führt immer zum gelungenen Zusammenleben. Dabei sorgt die Kommunikation nicht nur dafür, dass die Verhältnisse im sozialen Raum vereinfacht werden. Kommunikation ist, wie Niklas Luhmann mit Recht unterstreicht, nicht nur eine Strategie, um Komplexität zu reduzieren.[21] Es ist geradezu umgekehrt: Manches, was vorher einfach, ja gar flach gedacht wurde, wird durch Kommunikation komplex, dafür aber sinnerfüllt. Das gilt nicht zuletzt für interreligiöse Kommunikation.

Gelungenes Zusammenleben von Menschen unterschiedlicher Glaubensüberzeugungen führt unweigerlich dazu, dass Glaubenssysteme übernommen werden, die an sich ausdifferenzierter, plausibler

19 Avtar Brah, Cartographies of Diaspora. Contesting Identities, London 1996, S. 209.

20 Der Begriff geht auf den englischen Soziologen Roland Robertson zurück. Siehe seinen Aufsatz Glokalisierung: Homogenität in Raum und Zeit; in: Ulrich Beck (Hrsg.), Perspektiven der Weltgesellschaft, Frankfurt am Main 1998, S. 192-220 (Edition Zweite Moderne).

21 Niklas Luhmann, Systemtheoretische Argumentation. Zur Entgegnung auf Jürgen Habermas; in: Jürgen Habermas / Niklas Luhmann, Theorie der Gesellschaft oder Sozialtechnologie – Was leistet die Systemforschung?, Frankfurt 1974, S. 292.

und intelligenter aufgebaut sind und einen sichtbaren Erfahrungshorizont aufweisen. In multioptionalen Räumen setzen sich letztlich nur jene Systeme durch, die flexibel und transformativ, lebensnah und konkret, spirituell und zugleich rational plausibel erscheinen. Rigide und dogmatische Systeme ohne sichtbare Konkretion in der Praxis sehen sich schnell herausgefordert und verlieren bald ihre Alltagsvalidität. Ein „Weiter-so" kann es für religiöse Überzeugungen in multioptionalen Räumen auf Dauer nicht geben.

4. Chancen und Herausforderungen der Kommunikation des Evangeliums in multioptionalen Räumen

Multioptionale Räume sind offene Räume. Nirgendwo gelingt die Kommunikation von neuen Inhalten so leicht wie hier. Auf der anderen Seite gibt es keinen anderen sozialen Raum, in welchem man so leicht lieb gewordene Vorstellungen verlieren kann. Wer in solchen Räumen nicht gestalten will, wird verunstaltet. Gestaltung, Veränderung, Adaption und Verwerfung sind hier Alltag. Sie beschreiben den Prozess der Kommunikation als immerwährende Bemühung um Konvivenz (vom lateinischen Ausdruck *convivere* – zusammenleben).

Eine solche Bemühung kommt gerade der christlichen Mission sehr nahe, wie es die Arbeiten des Missionswissenschaftlers Theo Sundermeier zeigen. Findet doch in der Mission nicht nur die Begegnung mit dem Fremden statt, sondern auch und gerade die Überwindung der Fremdheit an sich.[22] Nach Sundermeier hat die Sache der Konvivenz drei Säulen: „Wir helfen einander, wir lernen voneinander und wir feiern miteinander."[23] Freilich setzt ein solches Miteinander voraus, dass

22 Siehe Theo Sundermeier, Konvivenz: Ein Modell für Europa?; in: International Journal of Orthodox Theology 3:4, 2012, S. 33-51. Digital in: http://orthodox-theology.com/media/PDF/IJOT4.2012/Sundermeier.Konvivenz.pdf (Zugriff am 28.02.2014). Das Konzept ist auch in der 2005 erschienenen Theologie der Mission beschrieben: Mission – Geschenk der Freiheit. Bausteine für eine Theologie der Mission, Frankfurt 2005. Zur Diskussion des Konzepts siehe: Dieter Becker / Andreas Feldkeller, Mit dem Fremden leben: Perspektiven einer Theologie der Konvivenz. Theo Sundermeier zum 65. Geburtstag, Erlangen.

23 Sundermeier, Konvivenz, S. 36.

man als Kirche im Raum der Menschen angekommen und bereit ist, in aller Demut mit den Menschen das Evangelium zu leben in der Erwartung, dass dieses als Geschenk der Freiheit von den Mitbewohnern im sozialen Raum verstanden und angenommen wird. Die Chancen dafür stehen gut. In multioptionalen Räumen ist das Evangelium beides: fremd und herausfordernd und gleichzeitig interessant und alternativ. Und beides wird man sich im Prozess der Kommunikation erarbeiten. Man bleibt fremd, herausfordernd und unnahbar und damit auch uninteressant und unattraktiv, weil man sich entsprechend gibt und weil man entsprechend kommuniziert. Andererseits gewinnt man Freunde, wird zum Anziehungspunkt und damit interessant, ebenfalls durch das eigene kommunikative Handeln. Der multioptionale Raum bietet damit große Chancen, dass das Evangelium effektiv kommuniziert wird, stellt aber auch eine Reihe von großen Herausforderungen dar, die es zu überwinden gilt. Es ist daher sinnvoll, nach guten Beispielen gelungener Evangelisation zu fragen.

5. Von den Christen in der weiten Welt lernen

Kommunikation ist der einzige Weg, kulturelle und soziale Unterschiede zu überwinden und zu einem Verständnis im multioptionalen Raum zu kommen.[24] Und Kommunikation ist auch der einzige Weg zum Herzen der Menschen, wenn es um die Vermittlung des Evangeliums geht. Wie und was machen unsere Glaubensgeschwister in der globalen Welt, um Menschen mit dem Evangelium zu erreichen?

Wir sehen uns das Beispiel eines in Kanada entstandenen und von der Weltweiten Evangelischen Allianz (WEA) herausgegebenen Manuals mit dem bezeichnenden Titel *Becoming an Intentional Intercultural Church* („Der Werdegang einer intentional interkulturellen Kirche“) genauer an.[25] Kanada ist *das* Land gelebter Multikulturalität.[26]

24 Bauer, Culture of Diversity.

25 Rob Brynjolfson / Jonathan Lewis (Hrsg.), Becoming an Intentionally Intercultural Church. A manual to facilitate transition, New York ^{2}2004. Digitale Version: http://www.worldevangelicals.org/resources/rfiles/res3_57_link_1283201162.pdf.

26 Siehe unter anderem den entsprechenden Artikel in Canadian Ecyclopedia:

Hier gehört der Umgang mit multioptionalen Räumen zum Alltag; kulturelle Unterschiede werden gefeiert und Einheit nicht gegen, sondern mit den Unterschieden propagiert. Wie gehen die Kirchen und Gemeinden in Kanada mit der kulturellen Vielfalt um? Was empfiehlt das Manual? Die Autoren formulieren in ihrer Handreichung eine Reihe von Thesen,[27] die ich nun im Folgenden wiedergebe.

These 1: Kommunikation des Evangeliums in multioptionalen Kontexten gelingt nur, wenn man die Chancen erkennt, die dieser Kontext der Gemeinde bietet.

Die Autoren weisen darauf hin, dass der multikulturelle Raum wie kein anderer dem Missionsbefehl Jesu entgegenkommt,[28] zu allen Völkern, allen *ethne,* zu gehen und diese zu Jüngern zu machen (Mt 28,18-20). Wo sonst käme eine Gemeinde ihrer Zielgruppe näher als hier? Und wo sonst kann sie als Botschafterin der Versöhnung in Spannungen und Konflikte der Menschen so tief einsteigen wie hier (2Kor 5,14-21)? Wo sonst kann sie in ihrer Mitte so vielen unterschiedlichen Menschen eine Heimat bieten und somit ihrer Natur, die neue Menschheit in Christus abzubilden, näher kommen (Eph 2,11-22)? Hier im multikulturellen Gottesdienst kann sie Gott in der Mitte der Völker anbeten, weil sie eschatologische Ereignisse vorwegnimmt. Erst wo dieser Auftrag erkannt, wo diese Chancen begriffen werden, wird sich eine Gemeinde wirklich auf den schwierigen Weg in den multioptionalen Kontext machen.

These 2: Kommunikation des Evangeliums im multioptionalen Kontext gelingt nur, wenn man diesen Raum analysiert und verstanden hat.[29]

Man kann nur Licht der Welt sein, wenn man weiß, wo es in der Welt hell oder dunkel ist. Kontextanalysen setzen aber ein gewisses Basiswissen über Kulturen und Weltanschauungen voraus. Man erkennt

http://www.thecanadianencyclopedia.com/en/article/multiculturalism/ (Zugriff am 01.03.2014).

27 Die Thesen werden hier zusammengefasst wiedergegeben.

28 Brynjolfson/Lewis, Becoming an Intentionally, S. 3.

29 Brynjolfson/Lewis, Becoming an Intentionally, S. 8-10.

bekanntlich nur das, was man vorher gekannt hat. Man sollte deshalb einer Gemeinde entsprechendes Basiswissen über Grundelemente von Weltanschauungen vermitteln, wie das beispielsweise Carley H. Dodd in seinem Buch zur interkulturellen Kommunikation tut.[30] Aus dem Wissen über die im Lebensraum vorhandenen Kulturen generieren wir unser Wissen über potenzielle Spannungen und Konflikte im Kontext. Eine eventuelle Befragung der Einwohner wird diese Annahmen erhärten. Erst wenn man weiß, wo die Spannungen im gemeinsamen Lebensraum liegen, kann an einen Weg gedacht werden, um Abhilfe zu schaffen.

These 3: Kommunikation des Evangeliums in multioptionalen Räumen setzt die dienende Haltung der Gemeinde voraus.

Eric H. F. Law spricht vom Weg des Kreuzes, also der Bereitschaft, bis aufs Äußerste den Fremden zu dienen. Er hat in multikulturellen Räumen dem missionarischen Dialog vorauszugehen.[31] Und das bedeutet, zuerst und vor allem die Bedürfnisse der Menschen aufzunehmen und nicht die missionarische Agenda der Kirche abzuarbeiten. Die Gemeinde muss von einer Trennung des Gemeinwesens in „Die da“ und „Wir hier“ zu einem vertrauensvollen Wir kommen.[32] Das setzt voraus, dass die Gemeinde zusammen mit den Menschen vor Ort Themen des Gemeinwesens anpackt. Und diese Themen müssen, so weit möglich, die meisten Bewohner des Lebensraumes tangieren und werden somit eher im Bereich des Materiellen und Sozialen liegen. Dabei ist darauf zu achten, dass möglichst alle Gruppen im Lebensraum sich bewusst an Entscheidungsprozessen beteiligen können. Gerade die Minoritäten im Kontext sollten mitentscheiden dürfen. Die Power-Distanz ist eine der wichtigsten Ursachen, warum interkulturelle Kommunikation misslingt.[33] Sind aber Aktionen entschieden, so wird die Gemeinde sich beherzt an diesen beteiligen. So kann sie

30 Carley H. Dodd, Dynamics of Intercultural Communication, Madison/Wisconsin [4]1995, S. 105-111.

31 Eric H. F. Law, The Wolf shall Dwell with the Lamb. Spirituality for Leadership in a Multicultural Community, St. Louis/Missouri 1993.

32 Brynjolfson/Lewis, Becoming an Intentionally, S. 22ff.

33 Siehe mehr in Law, The Wolf, S. 13-28.

durch ihre guten Werke „Licht und Salz“ für den Ort sein und zeigt den Menschen vor Ort ihren Glauben im Alltag.

Verkündigung beginnt in multioptionalen Räumen in der Regel als präsentische Verkündigung. So kann Vertrauen gewonnen werden. Und Vertrauen ist die Basis jedes Gesprächs über den Glauben.[34]

These 4: Erfolgreiche Kommunikation des Evangeliums in multioptionalen Kontexten „führt unweigerlich zum Zerbruch der Homogenität einer Gemeinde und damit zu Spannungen und Konflikten, weil sich nun Menschen aus unterschiedlichen Kulturen treffen, die zwar den gemeinsamen Glauben gefunden haben, aber immer noch in unterschiedlichen Traditionen leben“[35].

Solche Traditionen definieren kulturelle Werte, die nicht selten konträr zueinander stehen und deshalb leicht Konflikte beschwören können. Die amerikanischen Anthropologen Lingenfelder und Mayers nennen in ihrem Buch *Ministering Crossculturally*[36] solche Werte:

(1) Zeit-/Event-Orientierung. Die zeitfokussierten Kulturen achten auf Pünktlichkeit und zeitgesetzte Erfüllung von Aufgaben; eventorientierten ist Pünktlichkeit eher unwichtig, ihnen geht es um das Ereignis an sich.

(2) Dichotomisches/ganzheitliches Denken. Dichotom denkende Menschen neigen in ihrem Urteil dazu, deutlich nach Falsch und Richtig, Schwarz und Weiß zu urteilen. Ganzheitlich Denkende sehen dagegen großzügig und suchen nach Zwischenfarben und -tönen. Entsprechend wird dann die Kultur gestaltet – organisiert und abgegrenzt oder offen und eher locker.

(3) Aufgaben-/Personen-Orientierung. Hierbei konzentrieren sich die Ersten auf Ziele, Aufgaben und Prinzipien, während die Zweiten

34 Brian Mayers sprach an dieser Stelle gar vom Prinzip des Basisvertrauens als Voraussetzung für Evangelisation. Siehe Marvin K. Mayers, Christianity Confronts Culture. A Strategy for Crosscultural Evangelism, Grand Rapids 1987, S. 7ff.

35 Norman Schawchuck / Roger Heuser, Managing the Congregation. Building Effective Systems to Serve People, Nashville 1996, S. 254.

36 Sherwood G. Lingenfelder / Marvin K. Mayers, Ministering Cross-Culturally. An Incarnational Model for Personal Relationships, Grand Rapids 1986. Deutsch: Kulturübergreifender Dienst. Evangelische Missionslehre. Vorträge und Aufsätze. Bd. 7, Lahr.

an der Entwicklung der Person und Beziehung Interesse haben.

(4) Verdienst-/Status-Orientierung. In den verdienstorientierten Kulturen ist Prestige verdient und Identität wird aus dem Erreichten gewonnen. In der Statusorientierung dagegen entscheidet Herkunft, Position, Alter und Ähnliches.

(5) Bereitschaft, Verletzbarkeit zuzugeben / Unfähigkeit, Verletzbarkeit zuzugeben. Die Ersten öffnen ihr persönliches Leben zum Gespräch und übernehmen Verantwortung für ihre Fehler. Die Zweiten verschließen ihr persönliches Leben vor dem anderen und suchen, ihre Fehler zu verbergen.

An solchen kulturellen Werten und Einstellungen scheitern Beziehungen oft, und in einer Gemeinde, die Menschen mit solchen unterschiedlichen Haltungen beheimatet, sind Konflikte unvermeidbar. Die kanadischen Autoren raten daher, die Gemeinde rechtzeitig auf solche Konflikte vorzubereiten und sie mit Wegen und Möglichkeiten vertraut zu machen, wie Konflikte bewältigt werden können. Eine wesentliche Verantwortung wird hier dem Pastor der Gemeinde zugeschrieben, der die Rolle eines Konfliktmanagers übernehmen wird.

Das kanadische Manual macht deutlich: Kommunikation des Evangeliums in multioptionalen Räumen setzt gewisse Schritte der Gemeinde voraus.

(a) Vorab bewusstes Eingehen der Gemeinde auf die Spezifika eines solchen Raumes und damit Kenntnis der Einwohner, ihrer Kulturen, Weltanschauungen, Einstellungen usw. Das wiederum ist ohne Ortsanalyse nicht zu haben.

(b) Gesellschaftstransformativer Ansatz – arbeitet mit einem ganzheitlichen Verkündigungsbegriff, der Lebenszeugnis, diakonische Arbeit und Proklamation verbindet.

(c) Inklusiver Gemeindebau – öffnet Raum für die Mitarbeit der Menschen vor Ort.

(d) Die grundsätzliche Bereitschaft, heterogene Formen und Strukturen im Gemeindebau zu akzeptieren.

Und die Erfahrungen der Kanadier sind überaus ermutigend.

6. Einheit in Vielfalt

Was können wir aus den Erfahrungen in Kanada für die Freien evangelischen Gemeinden in Deutschland lernen? Lassen Sie mich folgende Thesen formulieren.

These 1: Monogene Gemeindebaustrategien führen im multioptionalen Raum nicht zum Erfolg. Wird die Verkündigung nicht bewusst an den Kontext angepasst, ist eher damit zu rechnen, dass die Gemeinde auf Dauer in multioptionalen Räumen nicht bestehen wird. Leider sind die meisten unserer Freien evangelischen Gemeinden recht monokulturell und damit auch monogen aufgestellt. Hier besteht enormer Veränderungsbedarf.

These 2: Wer den multioptionalen Raum mit dem Evangelium durchdringen will, sollte sich diesem Raum stellen. Das kann nur bedeuten, dass sich die Gemeinden in entsprechenden Kontexten mit einer adäquaten Kontextanalyse beschäftigen müssen. Hierzu können das Institut für Gesellschaftsrelevanten Gemeindebau (IGG) in Marburg und das Institut für empirische Forschung *Empirica*, ebenfalls Marburg,[37] sowie die im Francke Verlag herausgegebenen Materialien zur Kontextanalyse große Hilfe leisten.[38] Leider liegen den wenigsten unserer Gemeinden entsprechende Ortsanalysen vor, und auch der Kenntnisstand der jeweiligen Gemeindeleitungen über andere Kulturen und Weltanschauungen ist vermutlich als eher gering einzuschätzen.

These 3: Gemeindebau im multioptionalen Kontext geschieht ganzheitlich, gesellschaftsoffen und gesellschaftsrelevant. Erst wenn eine Gemeinde sich bewusst in Gemeinwesenarbeit und Gemeinwesenmediation engagiert, schafft sie eine günstige Ausgangssituation für ihre Verkündigung. In diesem Bereich ist meines Erachtens vor allem durch die Aktion „Glaube am Montag" bereits viel geschehen.

37 http://www.institut-empirica.de (Zugriff am 01.02.2014).

38 Tobias Faix / Johannes Reimer (Hrsg.), Die Welt verstehen. Kontextanalyse als Sehhilfe für die Gemeinde, Marburg 2012.

These 4: Multioptionale Kontexte verlangen nach multikulturellen Gemeindekonzepten. Die Freien evangelischen Gemeinden sind in ihrem Mitgliederprofil eher bürgerlich aufgestellt und erreichen nur selten andere Bevölkerungsgruppen. Hoffnungsvoll stimmt dagegen die Tatsache, dass sie zunehmend Migranten ansprechen. Hier fehlt jedoch eine entsprechende Strategie. Als möglicher Ausgangspunkt einer solchen könnte mein Buch *Multikultureller Gemeindebau*[39] dienen. Ansatzpunkte und Ideen findet man auch in den „Fresh Expression"-Formen, die vor allem in England entwickelt und gelebt werden.[40]

39 Johannes Reimer, Multikultureller Gemeindebau. Versöhnung leben, Marburg 2011.

40 Michael Herbst (Hrsg.), Mission bringt Gemeinde in Form, Neukirchen-Vluyn 2007.

Jesus, der Gärtner

Christliche Fürsorge und das einfühlsame Herz

Brian Brock[1]

Ich möchte zu Beginn auf ein bemerkenswertes Detail im Johannesevangelium hinweisen. Maria steht am leeren Grab Jesu. Sie weint, weil sie glaubt, dass der Leichnam Jesu gestohlen wurde. Ein Mann erscheint neben ihr, den sie für den Gärtner hält (Joh 20,15). An diesem Detail ist bemerkenswert, dass es für Johannes als Erzähler wichtig war, dies zu erwähnen. Ein Detail, das nur Maria gewusst haben kann, denn es wird nicht geschildert, dass sie irgendetwas laut sagt. Warum steht dieses Detail hier? Was veranlasste Maria zu denken, dass Jesus der Gärtner sei? Wir sind heute geneigt anzunehmen, dass aus Marias Sicht nur der Gärtner so früh am Morgen auf dem Garten des Friedhofs sein könne. Doch es wird uns bestimmt überraschen, dass viele Christen sich das durch die Zeiten hinweg anders vorgestellt haben.

Ein Beispiel ist das Gemälde von Jan Brueghel dem Jüngeren aus dem Jahr 1630. In dieser Szene ist offensichtlich, dass dieser Mann ein Gärtner ist.[2] Brueghels Gemälde ist ein sehr kunstvolles Beispiel eines Brauchs in der christlichen Ikonografie, Figuren durch die Arbeitsgeräte, die sie halten, zu beschreiben. In einem Gemälde von Agnolo Bronzino aus dem Jahr 1561 können wir eine traditionellere Form sehen. Jesus wird dargestellt, wie er lässig eine Schaufel hält.[3] Ein noch früheres Gemälde (ca. 1510) von Titian stellt Jesus dar, wie er eine Hacke trägt.[4]

Lassen Sie uns einen Moment innehalten, um bei diesem biblischen Detail zu bleiben. Konnte Marias Vermutung eine begründete

1 Übersetzung von Stefan Thiemert.

2 Noli Me Tangere, Jan Brueghel der Jüngere (ca. 1630); im Musée des Beaux-Arts de Nancy.

3 Noli Me Tangere von Bronzino (1561); im Musée du Louvre, Paris, Frankreich.

4 Noli Me Tangere, gemalt ca. 1510–1512 von Titian. Es wird seit 1856 in der Nation Gallery in London ausgestellt.

Vorstellung vom auferstandenen Jesus sein? Ich möchte in diesem Aufsatz der Struktur und den Regeln des christlichen Amtes und der Mission nachgehen und herauszufinden, was es bedeutet, dass die Menschen erschaffen wurden, um Gärtner zu sein. Mein Hauptargument lautet: Jeder, der ein christliches Amt ausübt, muss genau wie ein Gärtner lernen, dass wir Menschen nicht imstande sind, Leben zu *geben*. Das bedeutet, dass die Christen in der Welt den Auftrag haben, dem Leben, das *Gott* gibt, zu folgen und zu dienen. Ich behaupte, dass das Nachdenken über die Schöpfungslehre den Christen hilft, besser auf die materiellen Bedingungen der Schöpfung zu achten – auf die Schöpfung, wie sie existiert und wie Gott bereits in ihr am Werk ist. Die Kirche bildet Gott besser ab, je mehr sie sich befreit von ihrem Anspruch auf Kontrolle, von der Herrschaft und ihrem Streben nach Erfolg, definiert durch Zahlen und Leistung. Sie muss lernen, jeden Menschen in der Art zu schätzen, wie er geschaffen wurde, und darauf zu achten, was für die Menschen zum Leben dazugehört und wie wir mit ihnen leben können. Schafft die Kirche das, kann sie ein Diener der heilenden Liebe Gottes sein. Wie ein Gärtner ist auch der christliche Pastor ein Diener des Lebens, das er nicht geschaffen hat.

1. Über den Anfang in einem Garten

„Und Gott der HERR pflanzte einen Garten in Eden gegen Osten hin und setzte den Menschen hinein, den er gemacht hatte" (Gen 2,8). Warum einen Garten? Warum nicht einen Bauernhof, eine Küste, einen Berggipfel oder eine Wüste? Gott *pflanzte* zuerst den Garten und setzte danach Adam und Eva *in den* Garten. Dass die ersten Menschen so hineingesetzt wurden, sagt uns zumindest, dass die Menschen dazu bestimmt waren, von etwas umgeben zu sein. Sie sollten Horizonte sehen können. Sie sollten zu einem festen und bestimmten Platz gehören, statt ausgesetzt und verletzlich zu sein in einem amorphen und unendlichen Kosmos.[5] Sie bekamen einen Platz in einem Garten,

5 Robert Harrison merkt an: „Ein Garten ist buchstäblich durch seine Grenzen definiert … sie verbinden den Garten mit der Welt, die sie auf einen bestimmten Abstand halten … die Stille ist relativ, dynamisch und eingebunden in die Umgebung. Na-

einem gepflegten Ort mit Grenzen. Doch anstatt von diesen Begrenzungen eingeengt zu werden, erhielten sie die Möglichkeit zu einer Arbeit, die keine Mühe machte und die nicht notwendig war, um die Welt gut zu machen. Für die Autoren des Genesisbuches bedeutet dies, dass Gott einen Raum des Friedens in der Schöpfung geschaffen hatte, in welchem er erschien und mit den Geschöpfen sprach. An diesem bestimmten Ort stehen die Menschen erstmalig und endgültig der Anordnung Gottes gegenüber. Gottes Auftauchen ist in diesem Sinn der Beweis von Gottes Wunsch, gegenwärtig zu sein und ein Königreich des Friedens zu regieren.

Mit der rätselhaften Erwähnung der „vier Flüsse" in Genesis 2,10-14 geben uns die Verfasser einen Hinweis, dass dieser begrenzte Ort dazu bestimmt war, die gesamte Welt zu umfassen. Die vier Flüsse von Eden kennzeichnen die Vollkommenheit dieses Ortes, und die Autoren der urzeitlichen Geschichte verweisen auf den göttlichen Wunsch, die Regel von Gnade und Frieden auf die gesamte Schöpfung auszuweiten.[6] Diese theologische Auslegung der vier Flüsse ist ein Versuch festzustellen, wie die biblischen Autoren schon die Mission Israels (und so ebenfalls der Kirche) in die urzeitliche Geschichte hineingewebt haben. Dies weist darauf hin, dass die christliche Mission in der Welt nicht einfach eine Antwort auf das Bedürfnis nach Erlösung nach dem Sündenfall sein kann, denn deren Inhalt enthielt nicht immer einen Aufruf zur Umkehr. Mission in einer nicht gefallenen Welt war mit der

türlich könnte jemand sagen, die Stille ziehe ihre Energie aus dem Wirbel um ihre Ränder. Stille ist eine Form der Energie" (Robert Harrison, Gardens. An Essay on the Human Condition, Chicago 2008, S. 57f; englische Zitate hier und im Folgenden durch den Übersetzer übersetzt). Diese durchlässige Begrenztheit ist konstitutiv für die Beziehung von Israels Tempel zur übrigen Schöpfung. „Man könnte eine steigende Abstufung von Heiligkeit von außerhalb des Gartens in der Richtung nach innen wahrnehmen: Die Region außerhalb des Gartens steht in Beziehung zu Gott und ist ‚sehr gut' (Gen 1,31), weil es Gottes Schöpfung ist (= der äußere Raum); der Garten selbst ist ein heiliger Raum, getrennt von der äußeren Welt (= der heilige Ort), wo Gottes priesterlicher Diener Gott anbetet, indem er ihm Gehorsam leistet durch Kultivierung und Schutz; Eden ist, wo Gott wohnt (= das Allerheiligste), Quelle des physischen und geistigen Lebens (symbolisiert durch die Gewässer)" (G. K. Beale, The Temple and the Church's Mission. A Biblical Theology of the Dwelling Place of God, Nottingham 2004, S. 75).

6 Henri Blocher, In the Beginning. The Opening Chapters of Genesis, Nottingham 1984, S. 114; Karl Barth, Church Dogmatics III.1, Edinburgh 1958, S. 255.

göttlichen Gegenwart und dem Gedeihen der Schöpfung verbunden. Während Theologen einst darin übereinstimmten, dass das, was hier bildlich dargestellt wird, ein königlicher Garten eines antiken Königs aus dem Nahen Osten ist, haben heutige Exegeten ihre Auslegung dieser Situation auf einen Garten erweitert, der zu theologischen Vergleichen mit allen Arten moderner Gärtnerei einlädt.[7] Ich möchte einige Grundzüge der neueren Forschung darstellen. Sie betonen, dass Adam und Eva in diesen Garten lediglich hineingesetzt wurden,[8] um ihre Fürsorge auf das zu lenken, was Gott bereits gepflegt hatte – den Boden und den Garten und seine Bewohner.[9] Ihr wahres Schicksal als Geschöpfe besteht darin, ganz in die Fürsorge für diesen gepflegten Ort vertieft zu sein (wörtlich: zu dienen[10]). Indem sie sich fortpflanzen, folgen sie seinen Leben spendenden Strömen und erweitern schließlich seine Grenzen – die ursprünglich positive ‚Mission Creep' (militärischer Ausdruck, der die zunehmende Ausweitung einer Mission über ihre ursprünglichen Grenzen hinaus beschreibt; Anmerkung des Übersetzers). Während diese organische Form der Mission durch

7 Terje Stordalen, Echoes of Eden. Genesis 2–3 and Symbolism of the Eden Garden in Biblical Hebrew Literature, Leuven 2000.

8 „Das Wort, das in Genesis 2,15 dafür verwendet wird, dass Gott Adam ‚in den Garten' ‚setzte', ist nicht das normale hebräische Wort für ‚setzen' (*śûm*), sondern es ist das Wort, das normalerweise mit ‚ruhen' (*nûah*) übersetzt wird … Adam würde eine vollkommene ‚Ruhe' erhalten, nachdem er vertrauensvoll seine Aufgabe erfüllt hätte, nämlich den Garten ‚zu pflegen und zu behüten'. Dies steht in einer Linie mit der ‚Ruhe', die Gott später Israel versprochen hatte, wenn sie vertrauensvoll im verheißenen Land leben würden" (Beale, Temple, S. 69f).

9 „Nicht zu verwechseln mit dem generellen Begriff ‚Erde' (*'ereṣ;* in Vers 5) meint der Begriff *'ădāmâ* speziell das Ackerland. Der Boden ist das, was der Mensch zu kultivieren hat, wörtlich also ‚arbeiten' oder ‚dienen' (Gen 2,5; 3,23)" (William P. Brown, The Ethos of the Cosmos. The Genesis of Moral Imagination in the Bible, Grand Rapids 1999, S. 137).

10 Der hebräische Begriff, der mit „bebauen" übersetzt wird, meint wörtlich „dienen". Sogar in seiner Beziehung zum Ackerboden müssen die Menschen ihre Demut beibehalten. Die Verwendung des Verbs bereitet den Weg für die Ablehnung der „Zerstörer der Erde" (Offb 11,18), für die, welche an der ökologischen Verwüstung schuld sind. Der Mensch wird über die Natur nicht nur durch die Befolgung ihrer Gesetze regieren (F. Bacon), sondern er wird es in derselben Weise für die Schöpfung tun, sodass sie ihre Berufung, den Schöpfer zu ehren, erfüllt. Der kultivierte Garten wird wie das Lobpreislied für den Gott der Ordnung und des Lebens, den Gott des Friedens, sein (Blocher, Beginning, S. 120).

den Sündenfall und die Vertreibung aus dem Garten unterbrochen wurde, flossen die Leben spendenden Flüsse weiterhin aus dem Garten.[11] Bibelwissenschaftler haben in hilfreicher Weise angemerkt, dass der Tempel in einer Weise konstruiert wurde, die klar signalisierte, dass die Mission der Fürsorge wieder aufgenommen werden sollte. Dem göttlichen Fluss der Fürsorge gegenüber der Schöpfung folgend, nimmt sich Jesus dieser Mission an, indem er sich selbst den neuen Tempel nennt.[12]

Die biblischen Verbindungen, auf denen diese traditionelle Auslegung von Schöpfung, Tempel und göttlicher Fürsorge beruht, sind schön verpackt in Jean Vaniers theologischer Darstellung der Mission. Er erklärt die Beziehung der Kirche nicht nur zur Welt, sondern auch zu den schwächsten und den weit am äußersten Rand der Gesellschaft stehenden Menschen durch den Verweis auf die Flüsse Edens:

> „Der Prophet Hesekiel hatte eine Vision (Hes 47,1-12) von Wassern, die vom Tempel flossen. Es begann als ein kleiner Strom, doch dann wuchs er zu einem tiefen Fluss heran, den man nicht mehr überqueren konnte. An jedem Ufer des Flusses befand sich eine gewaltige Anzahl von Bäumen, die dauerhaft Früchte trugen; ihre Blätter wirkten wie Medizin und brachten Heilung. Die Wasser waren ebenfalls heilende Wasser; wo immer sie hinflossen, war das Leben überreich und Fische waren im Überfluss vorhanden. Der Evangelist Johannes hatte eine ähnliche Vision (Offb 22,1) von kristallklarem Wasser, dem Fluss des Lebens, der vom Thron Gottes und des Lammes floss, der Leben gab und Früchte trug."[13]

11 „Während Gott Adam und Eva aus dem Garten des Paradieses vertrieben haben mag, hat Gott weiterhin gewährleistet, dass die lebendigen Wasser, die aus dem Garten herauskommen, weiterhin die ganze Erde bewässern und ihre verschmutzten Ströme und Seen reinigen" (Vigen Gruoian, Inheriting Paradise. Meditations on Gardening, Grand Rapids 1999, S. 9).

12 Crispin Fletcher-Louis, God's Image, His Cosmic Temple and the High Priest. Towards an Historical and Theological Account of the Incarnation; in: Heaven on Earth. The Temple in Biblical Theology, hg. v. T. D. Alexander / S. Gathercole, Exeter 2004; Beale, Temple.

13 Jean Vanier, Community and Growth, London 1979, S. 101. In Vaniers Sprache klingen deutlich patristische Auffassungen an: „Eine Quelle entsprang dem Paradies, welche nicht nur sichtbare Ströme hervorbrachte, sondern auch spirituelle

In dieser Vision ist die Kirche nicht die ursprüngliche Quelle der Mission, sondern „sie ist ein Zeichen und eine Offenbarung und die Frucht der Quelle des Lebens, dazu berufen, überzufließen von Menschlichkeit, Reinigung und Heilung, Leben und Freiheit zu geben, viel Frucht zu tragen“[14]. Gottes Treue und Zärtlichkeit, seine Liebe (חֶסֶד – *chäśäd*), gibt der ganzen Schöpfung und allen Menschen Form und Stabilität, sodass sie gedeihen. Diese Liebe manipuliert nicht, sie erdrückt nicht, sondern sie gibt sich selbst als die Bedingung für wahre Freiheit, die wir empfangen können, wenn wir unser Verlangen aufgeben, nach unseren eigenen Regeln zu leben.[15] Die Mission der Kirche wird daher nicht durch Konzepte menschlicher Aktivität und Wahl bestimmt, sondern durch die menschliche *Wahrnehmung von* und *Zustimmung zu* Gottes Handeln. In theologischer Hinsicht ist es entscheidend, dass wir die wichtige Beziehung zwischen göttlichem und menschlichem Handeln wahren: „So ist nun weder der pflanzt noch der begießt etwas“, sagt Paulus, „sondern Gott, der das Gedeihen gibt“ (1Kor 3,7-9). Eine Konsequenz daraus ist, dass wir lernen müssen, das Gute jedes menschlichen Lebens zu erkennen, egal, welche Form es hat, weil Gott als der Schöpfer nichts schafft, was nicht gut ist.

Vanier behauptet, dass eine so verstandene Mission sich von einer aggressiven Mission unterscheidet. Es ist nicht ihr primäres Ziel, die Menschen zu verändern oder Wachstum von Gemeinden zu erzielen, sondern den Leben spendenden Gott zu offenbaren. Gottes Leben

Ströme, welche als Quelle auf dieser Hochebene entsprangen. Neben dieser Quelle wuchsen nicht Weiden ohne Früchte, sondern übergroße Bäume, die bis zum Himmel reichten, mit Früchten zu jeder Jahreszeit, die nicht schlecht wurden. Wenn jemandem äußerst heiß ist, lass ihn zu dieser Quelle kommen und seine fieberhafte Hitze abkühlen … nicht nur die, welche buchstäblich durch die Hitze der Sonne verbrannt werden, sondern auch solche, die durch die brennenden Pfeile der Sünde in Brand gesetzt wurden. Sie ist so, weil sie ihren Ursprung von oben hat und ihre Quelle ist dort – von dort wird sie genährt. Es gibt viele Ströme von dieser Quelle, Ströme, die der Paraklet hervorbringt; und der Sohn wird zu ihrem Verwalter, der den Kanal nicht durch eine Hacke offen hält, sondern indem er unsere Herzen aufnahmefähig macht“ (Johannes Chrysostomos, Homilie über Johannes 46,4; in: Andrew Louth (Hrsg.), Genesis I-II. Ancient Christian Commentary on Scripture, Downer's Grove 2001, S. 59).

14 Vanier, Community, S. 102.

15 Vanier, Community, S. 63.81.

spendender Liebe und Erneuerung zu dienen, überwindet das Böse und schafft Bekehrte, indem falsche Liebe durch Gottes aufbauende Liebe ersetzt wird. Das bedeutet auch, dass Christen sich nicht als eine „Elite von Experten“ betrachten sollten. Gottes Mission führt Glaubende in fremde und unbekannte kulturelle Welten und an Orte, wo sie eindeutig keine Experten sind. In solchen unbekannten Kontexten ist die Aufgabe der Mission zu entdecken, was göttliche Vergebung und Fürsorge innerhalb der vielfältigen Strukturen von spezifischen Kontexten bedeuten.[16] Vanier hat durch Beobachtung gelernt, dass Gott sich um die kümmert, die nicht für sich sprechen können, die sich nicht um sich selbst kümmern können und deshalb nicht auf solche Weise „zivilisiert“ oder „umgewandelt“ werden können, wie wir diese Aktivitäten im Allgemeinen beschreiben. Sie können nur geliebt werden als ein Ausdruck von Gottes Liebe. Und diese Liebe, so Vaniers Beobachtung, verändert tatsächlich Dinge, aber nicht, weil sie mit der „Kompetenz“ aufbricht, „die Welt zu verändern“.

2. Gartenarbeit in einer gefallenen Welt

Obwohl Adam und Eva ein Ort gegeben wurde, wo sie perfekt hinpassten, wurde die ursprüngliche Einheit mit der Schöpfung zerbrochen. Die Zerstreuung der Menschheit begann mit ihrer Vertreibung aus dem Garten, einem Prozess, der durch die Zerstreuung von Babel beschleunigt wurde. Nun beginnt die Menschheit ihren Abstieg in die Ablenkung und Zerstreuung. Manchmal spürt sie das intensiv, und zu anderen Zeiten empfindet sie ihre Distanz zu Gott gar nicht. Der Garten ist demnach nahe am Kern der Sache – in ihm stand der Mensch in Verbindung mit beidem, mit Gott und der Schöpfung. Doch außerhalb des Gartens ist es für den Menschen schwer, in bedeutungsvoller Weise *entweder* mit Gott *oder* mit der schöpferischen Realität verbunden zu sein.

Die Unsicherheit im Blick auf die Gegenwart Gottes ist unmittelbar verknüpft mit der Unsicherheit hinsichtlich unserer Verwurzelung

16 Vanier, Community, S. 86f.99f.102.

vor Ort. Wenn wir das Bewusstsein dafür verlieren, dass Gott mit uns geht, und wir von ihm in Allgemeinbegriffen denken als jemanden „da oben“, als einen, *über den man nachdenkt,* statt *mit ihm zu reden* (Gen 3,1), verlieren wir auch unsere Verbindung zum konkreten Ort. Wie die Babel- und Exoduserzählungen uns eindringlich zeigen, ist menschliches Nomadentum ein Produkt (Artefakt) der Glaubensexistenz innerhalb von Gesellschaften, die von Menschen gestaltet und organisiert werden, die an ihre eigene Kraft glauben. Dieses Nomadentum kann jeder von uns verinnerlichen. Ohne das Bewusstsein, dass Gott uns in den Menschen um uns herum begegnet, dass wir durch Beziehungen und in Orten verwurzelt sind, denken wir leicht, dass wir selbst nur wahllos in Raum und Zeit verortet sind.

Darum ist es gut, wenn wir weiter über die Gartenarbeit nachdenken. Wir wurden dazu geschaffen zu gärtnern, und einige von uns bleiben auch heute Gärtner. Wir leben wie die Autoren der Genesis nach der Vertreibung aus Eden. Sie mussten weit ausholen, um sich das Leben vor dem Sündenfall vorzustellen. Für die Autoren der Urgeschichte schien die Darstellung von Adam und Eva als Gärtner die theologisch am ehesten zutreffende Berufung für die Menschen zu sein, dazu bestimmt, mit Gott zu gehen. Egal, wie zerrissen diese Welt von Dornen und Disteln auch sein mag, es wird unsere Auslegung der Genesis vertiefen, wenn wir für einen Moment bei dem verweilen, was es bedeutet, ein Gärtner zu sein. Das ist ein anderer Ausdruck für die Frage: Wie kann unser Leben als Kirche gestaltet werden als ein Ausdruck der Fürsorge Gottes für Menschen an verschiedenen Orten?

Solch eine veränderte Perspektive erinnert uns neu daran, dass die einmal bei der Bekehrung getroffene Entscheidung, ob wir auf Gottes Wort hören oder nicht, kontinuierlich und stets neu in unserem täglichen Leben bestätigt werden muss. Dass „sie in einen Garten gesetzt wurden“, prägte das Leben des ersten Paares so sehr, dass sie möglicherweise nicht realisieren konnten, was das alles bedeutet. Ihre Welt war nicht *zu bauen*, sondern *mit Aufmerksamkeit zu erhalten* („zu pflegen und zu bewahren“). Diese Aufmerksamkeit gegenüber den *Geschöpfen* begründete ihren Gehorsam gegenüber Gottes Geboten. Die theologische Bedeutung dessen, wie die Genesis die ersten Menschen darstellt, die in einen Garten gesetzt wurden, veranlasst uns nicht über

Gärten nachzudenken, sondern sie stellt die Frage: Was bedeutet es, ein guter *Gärtner* zu sein, also jemand zu sein, der die guten Dinge, die Gott geschaffen hat, „pflegt und bewahrt“?

3. Das neue Herz und die nötige Sichtweise für die Gartenarbeit

Der Philosoph David Cooper hat sehr schön durchdacht, was die Methode der Gartenarbeit über unsere moderne Tendenz offenbart, uns selbst als Freiheitssucher zu verstehen, die ihre Freiheit nutzen wollen, um „einen Unterschied zu machen“ oder „Geschichte zu schreiben“.

> „Wir sind geneigt, unsere Erfolge als Ergebnis unseres eigenen Schaffens und Tuns zu bewerten. Auf einer naheliegenden Ebene ist ein solches Denken berechtigt: *Ich* habe dieses Buch geschrieben, *mein Freund* hat dieses Gewächshaus gebaut, *Cézanne* hat diese Landschaft gemalt. Doch wir ignorieren dabei leicht die Vorbedingungen – die nicht Ergebnis unseres Schaffens und Tuns sind – dieser Erfolge. Für jemanden, der etwas tut, muss es bereits einen Raum von Möglichkeiten geben (so würden es manche sagen). Da es diesen Raum geben muss, existiert bereits ein generelles Verständnis der Welt und von uns selbst; es gibt bereits einen Sinn für das, was zählt, was es wert wäre, getan zu werden; es sind bereits ‚Stimmungen‘ und ‚Bestimmungen‘ vorhanden, die es Teilen unserer Welt ermöglichen, einen bestimmten Farbton anzunehmen, attraktiv, abstoßend oder was auch immer zu sein; es existiert bereits ein Licht, in welchem Dinge für uns so aufgezeigt werden, wie sie sind, und die uns einladen, sie in dieser oder jener Weise zu betrachten.“[17]

Alle unsere Aktivitäten und Gedanken entstehen in der Schöpfung, die sorgfältig durch Material und soziale Strukturen geformt wurde. Absolut alles, was wir tun, kann deshalb in erster Linie als eine *Antwort*

17 David E. Cooper, A Philosophy of Gardens, Oxford 2006, S. 145f.

auf geschaffene Realität verstanden werden. Das ist eine theologisch genauere Art des Denkens, statt zu glauben, wir wären Hilfsschöpfer oder müssten „Dinge gut machen". Die Bibel nennt diese vorausgehende Realität erstens Gott und zweitens Schöpfung als den Raum, der durch Gottes kreatives Wort eröffnet wurde. Nach Luther hat das göttliche Reden allein die Macht, Dinge unmittelbar in die Existenz zu bringen. Alle Schöpfung ist daher „nichts als Substantive in der göttlichen Herrschaft der Sprache"[18]. Alle menschliche Sprache und Aktivität kann diese ursprüngliche Rede nur freudig aufnehmen. Indem wir bezeugen, Geschöpfe zu sein, bestätigen wir, dass wir beides darstellen und dass wir uns in einer Struktur befinden, die uns vorgegeben ist. So wie der Philosoph die Vorbedingungen den „Raum der Möglichkeiten" nennt, in dem wir wohnen, so lehrt die Bibel die Glaubenden, diesen Raum Schöpfung zu nennen.

Cooper behauptet, dass die Gartenarbeit den Gärtner auf drei fundamentale Aspekte der Schöpfung hinweist.[19] Erstens fördert die Gartenarbeit eine detaillierte Achtung für *das Leben*. Der gute Gärtner nimmt die vorliegenden Gegebenheiten des Lebens auf, die ihre eigene Form, Struktur und ihr eigenes Gedeihen haben. Wir sagen einer Erdbeerpflanze nicht, wann sie zu blühen hat; sie sagt es uns. Um gut gärtnern zu können, müssen wir die moderne Gewohnheit aufgeben, unser eigenes Design allem aufzuzwingen, wie selbst moderne industrielle Landwirte mittlerweile zugeben müssen.

Zweitens wird die *Zeit* umorganisiert, wenn man sich um das Leben kümmert. Durch diesen Gehorsam werden zwangsläufig unsere Zeit und unsere Prioritäten so geordnet, dass sie zum Objekt passen. Wir modernen Menschen verstehen die Zeit als einen Fluss von nicht zu unterscheidenden, abstrakten und austauschbaren Einheiten. Diese Denkweise beeinflusst unsere Erfahrungen mit uns selbst und unseren Aktivitäten. Zeit, die von Fürsorge strukturiert wird, ist zwar mit der Uhrzeit verbunden, jedoch strukturell von der Uhrzeit unterschieden, in welcher Menschen Zeit real erfahren, nämlich als das Abarbeiten einer Aufgabe nach der anderen.

18 Martin Luther, Luther's Works, Vol. 1: Lectures on Genesis, Chapters 1–5, hg. v. Jaroslav Pelikan, Saint Louis 1958, S. 49.

19 Cooper, Philosophy, S. 95f.

Die aufeinanderfolgende und dynamische Natur von Pflege wurde gut von Robert Harrison zusammengefasst: „Wie eine Geschichte hat ein Garten sein eigenes Drehbuch, dessen faszinierende Vorgänge den Pfleger mehr oder weniger konstant unter Druck setzen. Der wahre Gärtner ist immer ‚der konstante Gärtner'."[20] Eingebunden in diese niemals endende Bewegung müssen wir uns buchstäblich an das anpassen, worum wir uns kümmern. „Die Zeit vergeht so schnell", wenn wir uns um Dinge kümmern. „Sie wachsen so schnell", sagen wir. Ein weiteres Beispiel von Zeit, die durch Fürsorge strukturiert ist: Ein Baby wacht auf, wird gefüttert, und die Windeln werden gewechselt. Alles spielt sich nach festen Regeln ab, bei denen Eltern gut beraten sind, sie zu akzeptieren, bevor sie dazu durch lautes Säuglingsschreien gezwungen werden. Wenn dieses kleine Leben wächst, muss der eigentliche Mutterleib ersetzt werden durch eine mutterleibähnliche menschliche Aufmerksamkeit – sie muss abgestimmt sein auf die besonderen Bedürfnisse des Babys, sie vorausahnen und ihnen freiwillig begegnen. Kinder leben in einem „sozialen Mutterleib" von Aufmerksamkeit und Liebe, der nur offensichtlich wird, wenn beides zurückgehalten wird oder durch Ärger und Gewalt unterdrückt wird. Dass Kinder beides von uns einfordern, nötigt uns dazu, zur Liebe fähig zu werden. Diese Liebe kann nicht ohne einen größeren „Mutterleib" von unterstützenden Beziehungen aufrechterhalten werden, die die Betreuer stützen und halten, die den Kindern nahestehen. Soziale Unterstützungsnetzwerke für Betreuer sind tatsächlich wesentlich für die Pflege von Kindern, von Alten oder von Menschen mit dauerhaften starken Behinderungen.

Wenn wir uns selbst als jemand verstehen, der dadurch gestaltet wurde, dass er durch andere Leben gepflegt wurde, dann steht dies in einem scharfen Kontrast zu dem modernen Selbstbild, nach dem wir unsere „Ressourcen managen", um eine maximale „Effizienz" zu erzielen, sodass wir uns „selbst gestalten" können zu einem Bild, das wir attraktiv finden. Christliche Fürsorge geschieht im Vertrauen. Ihr Inhalt ist es, in geschöpflicher Weise zu handeln, *empfänglich* zu sein,

20 Harrison, Gardens, S. 7. Später schreibt er: „Zeit in ihren subjektiven und objektiven Zusammenhängen ist das unsichtbare Element, in welchem Gärten zur Blüte kommen" (S. 117).

statt *ex nihilo schaffen* zu wollen. Nur der eine Schöpfer kann aus dem Nichts erschaffen. Deshalb gehört es zum Wesen einer vertrauensvollen Geschöpflichkeit, sich nicht über die Fürsorge für das zu erheben, was bereits Leben empfangen hat. Es ist kein Zufall, dass Jesus, als er die durch ihn anbrechende Königsherrschaft beschreibt, betont, dass sie durch Menschen charakterisiert wird, die lernen, für andere zu sorgen, und denen durch Gottes eigene Hand neues Leben gegeben wurde. Die Autoren des Neuen Testaments verwenden sogar ein neues Wort, um diese Königsherrschaft zu kennzeichnen: *kairos*.

Solche Fürsorge ist asymmetrisch. Wir sind in sie hineingeboren und können sie nur vorenthalten oder weitergeben. Wir sind jedoch unfähig, sie denjenigen zurückzuzahlen, die sich um uns gekümmert haben. Es ist ein Kennzeichen der Wertschätzung, dass man sich um uns gekümmert hat, wenn wir in solche soziale Netzwerke investieren, die die Menschen unter uns versorgen können, die am schutzlosesten sind. Diese Hilfsnetze existieren sogar unter Nichtchristen, und christliche Mission würde falsch sein, wenn sie nicht anerkennen würde, dass Gott durch diese Menschen bereits anderen Menschen das tägliche Brot gibt. Ob wir Christen sind oder nicht, wir sind als gefallene Geschöpfe begrenzt und verfügen nur über begrenzte Ressourcen. Deshalb empfinden wir es als schwierig, andere zu versorgen. Wir fühlen unsere Endlichkeit, die bei uns Angst auslöst und dazu führt, dass wir davonlaufen und uns für unser Weglaufen rechtfertigen. Wahre Fürsorge, besonders für die, von denen wir denken, dass sie niemals in der Lage sein werden, uns irgendetwas zurückzugeben, ist nur aus einer fundamentalen Fülle möglich. Die Versorgung mit dieser Fülle ist die Arbeit des Geistes, des Flusses, an den der Glaubende gepflanzt werden muss, wenn er als Zeuge göttlicher Liebe Früchte tragen soll (Ps 1). Wenn das nicht geschieht, ist unser Selbstschutz von einem verdorrten Vertrauen auf Jesu Versprechen gekennzeichnet, seinen uns tragenden Geist zu senden.

Dieser Verweis auf den Geist führt uns zu Coopers dritter Beobachtung über die Gartenarbeit: Pflege ist fundamental ein Akt der *Hoffnung*. Unsere Arbeit kann niemals Erfolg garantieren. Ein Garten fordert von uns, mehrere Jahre im Voraus an die Frucht zu denken und mit unzähligen Variablen zu rechnen, die sich unserer Kontrolle entziehen: Wetter, Schädlinge, die Qualität des Bodens usw. Dass das Ethos der Gartenarbeit auf Hoffnung gegründet ist, unterscheidet sie von Arbeiten wie Malerei, Bildhauerei und Architektur. Die Aufmerksamkeit des Gärtners ist auf etwas ausgerichtet, das der Platoniker und Idealist abscheulich findet – die sich verändernde und vergängliche Natur des Seins. Maler zum Beispiel mögen eine Landschaft malen und das Brechen von Wellen abbilden, einen heftigen Sturm oder Sonnenlicht, das über einen Ausblickspunkt scheint. Doch während sie das tun, achten sie sehr darauf, dass die natürlichen Materialien, die das Gemälde ausmachen, sich *nicht* verändern.

> „Im Unterschied dazu hängen Gärten nicht nur von der Natur ab, sondern veranschaulichen – ‚verweisen auf', ‚verkörpern' – diese große Abhängigkeit … ‚Zustand der Atmosphäre und Umstände, die wir nicht immer erkennen können, beeinflussen alle Landschaften.' Darüber hinaus ist der Garten in stärkerer Weise ein Gegenstand von ‚Unglück und Missgeschick' als ein Bauwerk. In ihm explodiert der ‚Mythos der Machbarkeit', der unser Verhalten gegenüber der Welt infiziert. Er veranschaulicht also am besten das gefährliche Vertrauen auf Möglichkeiten außerhalb ‚des erzwungenen Willens der menschlichen Geschicklichkeit'.[21]

Der Garten unterscheidet sich auch von einer Landwirtschaft, die in erster Linie durch das praktische Interesse, genügend Nahrung zu produzieren, organisiert ist. Der Garten ist eine ganzheitlichere Angelegenheit, bei der sich das menschliche Bemühen zeigt,

Herausarbeiten zu wollen, was im Leben oft verborgen ist – nämlich das Feine und Fragile, das zwar nicht sichtbar, aber immer wichtig ist: der Boden. Der Landwirt muss den Speicher mit Getreide füllen, doch der Preis des Gärtners ist das Seltene und Fragile, veranschaulicht durch das Gedeihen von Organismen wie dem Schmetterling oder der Orchidee oder sogar dem vergänglichsten der erschaffenen Dinge, dem Wind. „Es gibt Aspekte von bekannten Naturphänomenen, die gewöhnlich erfahren werden, ohne die Phänomene zu stören,

21 Gertrude Jeckyll, zitiert nach Cooper, Philosophy, S. 137f.

und trotzdem typischerweise nicht gezeigt werden können, um sie für die Gedanken verfügbar zu machen", schreibt Cooper.

> „Der Punkt ist wichtig, und daher ist die Tatsache, dass Gärtner sich die Arbeit häufig durch Geräte erleichtern, die sich auf die Sinne auswirken, die Aufdeckung oder „der Ausdruck" dieser Aspekte. … ‚Der japanische Gartendesigner', schrieb Ezra Pound, ‚schafft ein Theater, in dem der Wind sprechen kann.' Der dichterische Punkt könnte hier sein, dass der japanische Garten durch seinen Bambus und seine Windspiele die Reichweite der Bedeutungen erweitert, die der Wind für uns haben mag. Indem er durch den Garten bläst, ist er nicht der Feind, der uns auf dem Weg ins Büro ins Gesicht bläst, oder der Freund, der uns an einem heißen Strand abkühlt: Vielmehr erfahren wir ihn als Animateur. Durch das ‚Sprechen', durch die Spiele und den Bambus animiert er verschiedene ihrer Eigenschaften. Diese Eigenschaften kommen so zur Sprache, wie sie sind – die Resonanz der Hölzer, aus denen die Spiele gemacht wurden, wie sie gegeneinander klopfen, die empfindliche, aber stabile Flexibilität des Bambus, während der Wind in ihm raschelt und ihn biegt."[22]

Die japanische Gärtnerin kann ihren Garten so strukturieren, dass er uns hilft, den Wind zu „sehen". Das ist ihr deshalb möglich, weil sie weiß, dass er durch die Wirbel ‚gesehen' werden kann, die er auf einem leisen Teich hinterlässt, oder als ein überraschender und verspielter Beweger von herabgefallenen Blättern. Mit diesem Beispiel möchte ich darauf hinweisen, dass wir viel von den Mitgliedern unserer Gemeinde lernen können, die eine geschärfte Wahrnehmung für den Geist haben. Und das zeichnet einen guten Gärtner aus. Es sind Leute wie diese und wie Vanier, von denen wir alle lernen können, gerade die wahrzunehmen, von denen die Gesellschaft nicht erwartet, viel zurückzubekommen. Und wir können erkennen, wie wir diese einzigartigen und feinen Exemplare wertschätzen können und das, was es bedeutet, ein Mensch zu sein.

22 Cooper, Philosophy, S. 141.

Das Hineinsetzen der ersten Menschen in einen Garten erscheint nun als eine Einladung, um erneut über die Struktur der Inkarnation bzw. Menschwerdung nachzudenken, die ihrerseits selbst nicht eine „endgültige, ewige Wahrheit“, sondern eine „zufällige historische Wahrheit“ ist.[23] Willie Jennings weist darauf hin, dass dieser christologische Anspruch unmittelbar unser Verständnis von christlicher Mission, Fürsorge und sogar davon, was es bedeutet, Mensch zu sein, formen müsse.

> „Eine christliche Lehre von der Schöpfung ist zuerst eine Lehre des Ortes und der Menschen, von göttlicher Liebe und göttlicher Berührung, von menschlicher Gegenwart und Umarmung, von göttlicher und menschlicher Interaktion. Es ist zuerst ein Weg, den Ort in seinem vollsten Sinne zu sehen. Das Christentum braucht einen Ort, um völlig Christ zu sein … In dem Moment, wo das Land als ein Vorbote der Identität entfernt wird, wird es auch als ein Ort der Veränderung durch Beziehung entfernt … Im Grunde genommen gab es einen wichtigen Aspekt der Verbindung zwischen der Schöpfung und Rettung, die … sich scheinbar niemals in der christlichen Vorstellung etabliert hat.“[24]

Das christliche Denken beginnt bei der und kehrt kontinuierlich zurück zu der Ankunft von Gott in und durch eine bestimmte Person an einem bestimmten Ort zu einer bestimmten Zeit, mit der Erwartung, dass er fortfahren wird, so zu handeln. „Was ihr getan habt einem von diesen meinen geringsten Brüdern, das habt ihr mir getan“ (Mt 25,40). Solch ein Evangelium vermittelt nicht nur eine ewige Wahrheit, sondern bringt sie auch zu den Wesen, die von Zeit und Raum durchtränkt sind, die an Orten mit einem speziellen Klima wohnen, die eine Küche haben, die auf den jeweiligen Ort und das Klima verweist. Ihr Dialekt und ihre Art zu denken wurden nicht durch das Evangelium geschmä-

23 „Nichts unterstützt die Meinung von Lessing, dass Gottes Wort eine ‚endgültige, ewige Wahrheit‘ sei und keine ‚zufällige, historische Wahrheit‘. Gottes Geschichte ist tatsächlich eine zufällige, historische Wahrheit, wie dieses kleine Gebot“ (Karl Barth, Dogmatics in Outline, S. 109).

24 Willie Jennings, The Christian Imagination, S. 248.

lert, sondern sie wurden anerkennend beachtet. Von ihrem Wissen lernte man etwas über die eine Welt des Schöpfers. In diesem Sinn macht der Glaube an die gute Nachricht von Jesus Christus die christliche Mission einfühlsam, wie die Pflege einen Gärtner ausmacht. Es gibt keine Pflege, die nicht durch das Objekt der Pflege und durch den, der pflegt, geformt wird. Die Bejahung dessen befreit die christliche Mission. Sie erlaubt es uns zu bestätigen, dass jeder Gärtner verschiedene Aspekte des Lebens sieht, auf die er trifft, und sich bemüht, sie herauszuarbeiten.

Den biblischen Traditionen nach ist das christliche Leben dadurch charakterisiert, dass jemand mehr gibt, als er nimmt, dass er weitergibt, statt zu horten. Alle Geschöpfe, sagt Luther, haben Anteil am großen kosmischen Netz von wechselseitigen Beziehungen. Die Sonne scheint nicht für sich selbst, das Wasser fließt nicht für sich selbst, Pflanzen geben keine Frucht für sich selbst. Jedes Geschöpf lebt nach dem Gesetz der Liebe, teilt sich seinen Nachbarn freiwillig mit. Oder genauer: Gott bestimmt die Schöpfung dazu, in dieser Weise wechselseitig aufeinander bezogen zu sein, eine Bestimmung, der nur der Teufel und die Menschheit widerstehen. Die Ablehnung, weiterzugeben, verändert Pflanzen als Empfänger von Gottes Güte, die ihre Frucht mit anderen teilen, zu Dornbüschen und Würgeranken. Nach Luthers Ansicht ist das Kernproblem der Schöpfungserneuerung, dass es notwendig ist, die Leidenschaften des menschlichen Herzens zu heilen, sodass Gegenseitigkeit und Wechselseitigkeit zwischen allen Geschöpfen wiederhergestellt werden können. Nur die Umwandlung in ein fürsorgliches Herz des Christen, das durch die Ströme des Geistes genährt wird, kann die Selbstsucht entwurzeln, welche die Wechselseitigkeit zerstört.[25]

Um sogar den Geringsten von diesen zu *sehen*, um die Liebe Christi den Menschen weiterzugeben, muss der Mensch eine neue Fähigkeit von Gott geschenkt bekommen. Diese neue Fähigkeit erlaubt es dem Menschen, die Realität, wie sie gerade ist, wahrzunehmen und auf sie zu antworten. Das anglikanische Morgengebet beginnt mit einem

25 Martin Luther, Psalms 1 and 2 from Works on the First Twenty-two Psalms, 1519 to 1521. A Composite Translation; in: Jaroslav Pelikan (Hrsg.), Luther's Works, Vol. 14: Selected Psalms III, Saint Louis 1958, S. 300.

Psalm, der in der täglichen Anbetung in der westlichen Kirche seit gut über tausend Jahren sehr bekannt war: das „Venite“, Psalm 95. Der Höhepunkt des Psalms verbindet das Hören auf Gottes Wort mit dem menschlichen Herzen, das empfindsam wird. Die eher freie Übersetzung aus dem Jahr 1662 erfasst den theologischen Schwerpunkt genau richtig für heutige Hörer: „Heute, wenn ihr seine Stimme hören werdet, verhärtet eure Herzen nicht: wie in der Herausforderung und am Tag der Versuchung in der Wüste“ (Verse 7b-8).[26] Das Schwierigste an einem verhärteten Herzen ist, dass es sich selbst vor uns versteckt. Einer der grundlegenden Effekte des verhärteten Herzens besteht darin, dass es unsere Sinne tötet.

Um sich um das Einzigartige, „das Besondere“ zu kümmern, muss sich das Herz erweichen. Dann können wir auch wieder sehen. Coopers Beobachtungen über die Gartenarbeit zeigen die entscheidende Rolle des Glaubens und der Liebe, wenn es darum geht, dass sich das Herz erweicht und sich die Wahrnehmung öffnet:

> „Das Holz, das jemand hackt, der Kürbis, den jemand wässert, die Aubrietien, die jemand an der Steinwand sichert – alles ist lebendig und sprießt hervor, bevor es so ist, wie es ist. Doch das ist nicht der ganze Sinn … wie es der unvoreingenommene Wissenschaftler oder Botaniker sehen könnte, wenn er dieselben Dinge einer objektiven Untersuchung und Analyse unterwerfen würde. Im Gegensatz dazu gibt es zugleich ein Gefühl von Vertrautheit, eine tätige Erfahrung mit ihnen: von einem Kürbis als etwas, der gegossen werden muss, von den Aubrietien, welche die Wand zieren und den Bauerngarten schützen. Bei einer solchen Sensibilität sind Dinge so gegenwärtig, wie sie sind, nicht *trotz* des Ortes, den sie in Beziehung zu unserem Leben haben, sondern *durch* ihn. *Dieser* Kürbis, *diese* Aubrietien – sie sind nicht nur einfach Teile von Sachen mit gewissen Formen und botanischen Eigenschaften, sondern sie sind, was sie sind, durch die spezielle Art und Weise, wie sie den Gärtner beschäftigen.“[27]

26 Luther 1984 übersetzt: „Wenn ihr doch heute auf seine Stimme hören wolltet: Verstocket euer Herz nicht, wie zu Meriba geschah, wie zu Massa in der Wüste.“

27 Cooper, Philosophy, S. 148.

Das Glück der Christen liegt darin, die Schöpfung, die ein Objekt des Interesses Gottes ist, hervortreten zu lassen, die Wesen im *Dienst* dieses lebendigen Interesses zu unterstützen, die bereits existieren, die nicht wir geschaffen haben und mit denen Gott bereits vertrauensvoll in Beziehung steht. Gott ernährt und kleidet die Menschen *bereits*, sagt uns der Psalmist (Ps 104), und wir müssen uns selbst zur Fürsorge für die anstoßen lassen, die Gott liebt. Wir müssen lernen, Gottes Gaben zu empfangen, die Gott durch den Geist *bereits* anbietet, zuteilt und bestimmt (1Kor 12).
All das führt uns dazu, das christliche Leben als ein praktisches Experiment der Aufmerksamkeit für Gottes Liebe zu unseren Nachbarn zu verstehen. Jean Vanier lebt solch ein experimentelles Leben, und er ist wirklich verärgert, wenn Leute sein Leben mit Menschen mit Behinderungen unter moralistischen Begriffen falsch charakterisieren.

> „Ich ärgere mich, wenn die Leute zu mir sagen: ‚Sie leisten eine gute Arbeit.' Ich bin nicht daran interessiert, gute Arbeit zu leisten. Ich bin an einer kirchlichen Vision für Gemeinschaft und an einer evangeliumsbasierten Gemeinschaft mit Menschen mit Behinderungen interessiert. Wir sind zusammen Brüder und Schwestern, und Jesus ruft uns aus einer pyramidenförmigen Gesellschaft heraus, um ein Körper zu werden."[28]

Indem wir uns konkret an andere binden, enthüllt und richtet das lebendige Wort die moralischen Rechtfertigungen der Kirche, Menschen mit Behinderungen nicht einfach als einen Teil der Kirche angesehen zu haben wie dich und mich. Rechtfertigungen, die unsere Gesellschaften tief prägen und dazu führen, dass wir von den menschlichen Bedürfnissen distanziert bleiben.

Was es für *uns* bedeutet, ein Ebenbild Gottes zu sein, liegt immer außerhalb von uns selbst. Es ist nur stückweise sichtbar, doch es wird in uns aktualisiert durch die Möglichkeiten des Geistes, unsere Fürsorge an unseren Nachbarn auszurichten.[29] Derselbe Atem, der über

28 Jean Vanier, Living Gently in a Violent World. The Prophetic Witness of Weakness, hg. v. John Swinton, Downer's Grove 2008, S. 34f.

29 Hans Ulrich, Wie Geschöpfe leben. Konturen evangelischer Ethik, Münster 2005, S. 96-98.126-129.

der Schöpfung schwebte, der Adam in den Mund geblasen wurde und der die christliche Kirche an Pfingsten begründete, taucht unter uns in spezieller Verbindung mit den „Geringsten von ihnen“ auf, in unserer Bindung an die, von denen uns unsere Gesellschaft gelehrt hat, das Allerwenigste zu erwarten.

Möge Gott jedem von uns manchmal gestatten, wie Jesus mit einem Gärtner verwechselt zu werden – uns zuliebe und der ganzen Schöpfung zuliebe.

Über die Autoren

Dr. Jürgen van Oorschot ist Professor für Altes Testament an der Universität Erlangen.

Dr. Wilfrid Haubeck ist Professor für Neues Testament an der Theologischen Hochschule Ewersbach.

Oberkirchenrat Dr. Berneburg ist Referent für Missionarische Dienste der EKD und Generalsekretär der „Arbeitsgemeinschaft Missionarische Dienste“ (AMD).

Dr. Henning Wrogemann ist Professor für Missions- und Religionswissenschaft und Ökumenik sowie Direktor des Instituts für Interkulturelle Theologie und Interreligiöse Studien (IITIS) an der Kirchlichen Hochschule Wuppertal/Bethel.

Dr. Alfred Meier war Dozent für Missiologie und Kirchengeschichte am Theologischen Seminar Rheinland (Überkonfessionelles Studienzentrum im Neues Leben e. V.) und ist jetzt als Missionar in Mali tätig.

Dr. Johannes Reimer ist Professor für Missiologie an der Universität von Südafrika in Pretoria (UNISA) und Vorsitzender der Gesellschaft für Bildung und Forschung in Europa sowie an der Theologischen Hochschule Ewersbach.

Dr. Brian Brock ist Professor für Praktische Theologie mit dem Schwerpunkt Sozialethik an der School of Divinity, History and Philosophy der Universität Aberdeen. Er ist Fellow der Universitäten Marburg und Erlangen.